ココ

十和田 奥入瀬

弘前 青森

すてきな思い出
作りましょ♪

奥入瀬渓流で最高のヒーリング体験

清冽な水が流れる奥入瀬渓流(P20)

緑のトンネルを抜けたら神秘的な湖
青森の大自然に酔いしれて

左：奥入瀬渓流館(P21)の苔テラリウム／右：奥入瀬渓流館(P21)のあおもりんごさん
左下から：銚子大滝(P21)／奥入瀬モスボールパーク(P33)／星野リゾート　奥入瀬渓流ホテルの渓流オープンバスツアー(P34)

2

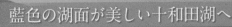

藍色の湖面が美しい十和田湖へ

瞰湖台からの眺め(P24)

像(P23)

遊覧船から楽しむ十和田の自然
アクティビティにもチャレンジ

おみやげとお食事
もりた(P26)

十和田湖マリーナでひと休み(P22)

湖カヌーツアー(P28)

十和田湖湖水まつり(P116)

十和田湖に浮かぶ恵比寿大黒島(P23)

十和田市現代美術館(P30)の草間彌生の作品『愛はとこしえ十和田でうたう』撮影：小山田邦哉

十和田・弘前・青森に立つ
アートを盛り上げる多彩な美術館

Photo ©Yuki Morishima(D-CORD)
Artwork ©Yoshitomo Nara

HIROSAKI
MOCA

HIROSAKI
MUSEUM OF
CONTEMPORARY
ART

左から：弘前れんが倉庫美術館(P46)、ロゴ缶バッジ

奈良美智
『A to Z
Memorial Dog』
2007年
© Yoshitomo Nara

青森県立美術館(P82)
(上左から)作品モチーフのグッズ、奈良美智《Miss Forest／森の子》20

黄金崎不老ふ死温泉(P108)

星野リゾート　奥入瀬渓流ホテル(P34)

浅虫温泉の南部屋・
海扇閣(P88)

湯治場や絶景露天など
一度は訪れたい人気温泉地

酸ヶ湯温泉
(P36)

名湯・秘湯で至福のひと時を

界　津軽(P64)

十和田ってどんなところ?

奥入瀬渓流や十和田湖など 絶景に癒やされるエリアです

深い自然林に覆われた奥入瀬渓流、空や山々を映し込む静かな湖・十和田湖、湿原植物が群生する八甲田山と、表情豊かな自然風景が楽しめます。ドライブやアクティビティなど楽しみ方も多彩です。古くから湯治場として愛される温泉や現代アート、ヒメマスなどグルメにも注目。

散策やドライブが楽しい
奥入瀬渓流(☞P20)

「弘前さくらまつり」は日本
有数の桜祭り(☞P44)

おすすめシーズンはいつ?

渓流や湖は初夏と秋、 春・夏の祭りも魅力的

奥入瀬渓流や十和田湖などは、新緑が広がる5月下旬～6月上旬のほか、赤や黄に木々が色づく10月中旬～下旬の紅葉シーズンも見事。冬は雪に包まれる十和田湖も幻想的です。4月下旬は2600本の桜が咲く弘前城のさくらまつり、7月下旬～は青森・弘前・黒石でねぶた(ねぷた)祭りが開催されます。

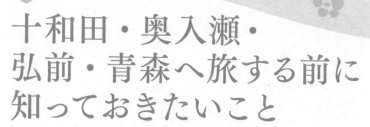

十和田・奥入瀬・ 弘前・青森へ旅する前に 知っておきたいこと

観光のポイントや移動のハウツーをおでかけ前に
しっかり予習しておけば、当日の行動がスムーズです。
名所やグルメ、ショッピングなど計画的に旅を楽しんで。

どうやって行く？

東京から新青森まで約3時間 西日本からは飛行機で

新幹線が停まる八戸駅か新青森駅が旅の拠点として便利。東京〜新青森駅は約3時間です。西日本から訪れる場合は青森空港へ。街歩きのプランなら鉄道やバスが便利ですが、広域路線は本数が限定されてしまうので、周遊する場合は車が最適。主要駅からレンタカーを利用しましょう。

新幹線が停まる新青森駅は青森観光の玄関口

観光にどのくらいかかる？

十和田・奥入瀬は 1日かけて楽しもう

十和田湖や奥入瀬渓流は、ドライブやアクティビティなどゆったり絶景を楽しむためにも1日かけてめぐりたいエリア。1泊2日ならば、もう1日は弘前で洋風建築めぐりなど街歩きを楽しんで。青森市や下北半島、八戸など少し距離のある別エリアへ足をのばすなら、2泊3日以上がおすすめ。

奥入瀬渓流の希少なコケを観察できるガイドツアーも

初めての十和田で訪れたいのは？

奥入瀬渓流と十和田湖は必見 弘前なら歴史的建造物へ

国内有数の景勝地、奥入瀬渓流と十和田湖がみどころの中心。渓流ハイキング（☞P20）や十和田湖遊覧船（☞P22）がスタンダード。満喫するならアクティビティ（☞P28）にも挑戦してみましょう。弘前は、洋風建築めぐり（☞P48）やレトロカフェ（☞P52）で歴史を感じるひと時を。

明治〜大正時代の洋館が残る弘前タウン

弘前では地産地消
フレンチを

ぜひ味わいたいのは？

十和田湖産ヒメマスや
郷土料理など山海の幸を

十和田湖産ヒメマスランチ（☞P26）は必食。ご
当地グルメならば十和田バラ焼き（☞P27・
33）や黒石つゆやきそば（☞P68）へ。洋食な
らば名店揃いの弘前フレンチ（☞P50）、和食な
らば津軽の郷土料理（☞P56）がおすすめです。
デザートは、リンゴスイーツ（☞P54）に舌鼓。

青森といえばリンゴ。
アップルパイは必食です

奥入瀬渓流のほとりに立つ
「星野リゾート　奥入瀬渓
流ホテル」

十和田周辺のおすすめの温泉は？

渓流そばの湯宿や
野趣あふれる八甲田山麓の宿へ

奥入瀬温泉（☞P34）は、渓流そばの美しい景色
に癒やされながら湯浴みを楽しめます。八甲田山
を登っていくと、秘湯ムードがアップ。ブナ林に囲ま
れた老舗宿は、酸ヶ湯温泉（☞P36）など古くか
ら湯治客が集まる名湯揃い。弘前近郊にも津軽ら
しさあふれる温泉地（☞P64）があります。

十和田らしい体験をするなら?

アクティビティで景勝地を満喫！津軽の夏祭りもぜひ

まずは絶景を楽しむアクティビティ (☞P28) を。十和田湖でカヌーやRIBボート、奥入瀬渓流でコケ観察の散策など、十和田ならではの時間が過ごせます。八甲田山ではロープウェー (☞P40) で空の散歩を楽しみましょう。津軽地方で開催されるねぶた (ねぷた) 祭りでは、人々の熱気に大興奮！

青森の夏の風物詩
「青森ねぶた祭」
(☞P78)

こぎん刺しなどかわいいアイテムがいろいろ

おみやげは何がいい?

津軽の伝統工芸品は使いやすいデザインで人気

津軽の職人が手がける一点物の雑貨 (☞P58) は、伝統とモダンなデザインが融合しており、普段使いしやすく、贈り物にもおすすめ。奥入瀬渓流館 (☞P21) の動植物モチーフのアイテムのほか、美術館などのミュージアムショップで手に入るオリジナルグッズもおすすめです。

十和田+もう一日観光するなら?

本州最北の地・下北半島に足をのばしてみましょう

十和田・奥入瀬に組み合わせるなら、世界遺産縄文遺跡・三内丸山遺跡 (☞P80) がある青森市へ。弘前から車で1時間以内の場所には、太宰治ゆかりの地・金木 (☞P94) もあります。少し距離はありますが、本州最北の地・下北半島 (☞P98) もおすすめ。霊山恐山やマグロで有名な大間崎など、名所揃いです。

旅のテーマや時間を考慮してプランニングを

十和田・奥入瀬・弘前・青森ってこんなところ

エリアによってカラーが異なる青森県。ここでは各エリアを簡単にご紹介。でかける前にポイントを押さえて、効率的に回りましょう。

観光でおさえておきたい3つのエリア

青森の主なみどころは、奥入瀬渓流や十和田湖など豊かな自然に囲まれた十和田・奥入瀬エリア、レトロな洋館などが点在する弘前タウン、青森県立美術館や特別史跡三内丸山遺跡など歴史や文化を感じられるスポットが多い青森タウン。周辺の八戸や津軽半島、下北半島、白神山地と組み合わせた旅もおすすめ。

広域移動なら車がおすすめ タウン観光は徒歩かバスで

青森駅、八戸駅から奥入瀬渓流・十和田湖行きのバスがでているが、本数が限定されているため、十和田・奥入瀬以外にも観光をするなら車移動が最適。弘前や青森の街歩きは、循環バスを活用しながら回るのがベター。

祭りのシーズンは早めの予約が鉄則!

日本有数の桜祭り「弘前さくらまつり」(☞P44)や青森を代表する夏祭り「青森ねぶた祭」(☞P78)など、人気の祭り・イベントが多い青森県。開催時期には街中のホテルはもちろん、周辺の温泉宿が予約で埋まるため、旅の日程が決まったらすぐに予約しよう。

おいらせ・とわだ
奥入瀬・十和田 ①

・・・P18

奥入瀬渓流や十和田湖があり、雄大な自然を感じながら散策できる。現代アートが街に調和した十和田市街、名湯・秘湯が点在する八甲田エリアも訪れたい。

遊覧船は十和田湖観光の定番。アクティビティも楽しもう

深い緑と清涼な流れに癒やされる奥入瀬渓流

ひろさき
弘前 ②

・・・P42

江戸時代に弘前藩の城下町として栄え、明治〜大正期には外国人教師・技師が招かれ学都として発展。レトロな洋館やカフェがあり、街歩きが楽しいエリア。

思わず写真に収めたくなる洋館は館内の見学もできる

あおもりたうん
青森タウン ③
・・・P72

青森観光の拠点となる新青森駅・青森駅や青森空港がある。遺跡、美術館、体験スポットなど青森を代表する観光施設が点在。のっけ丼や寿司などグルメも楽しみ。

多彩な青森みやげが揃うA-FACTORYなど、みどころが多い青森駅周辺

大間崎
尻屋崎
北海道
津軽海峡
279
下北半島
白神岬
青函トンネル
仏ヶ浦
霊場恐山
宇曽利山湖
338
津軽半島 339
280
大湊線
津軽線
十三湖
北海道新幹線
青森県
陸奥湾
279
大湊
0 N 20km
金木
③ 青森タウン
浅虫温泉
394
小川原湖
千畳敷海岸
青森タウン
みちのく有料道路
338
いわて銀河鉄道
深浦・鯵ヶ沢
新青森
青森IC
4
七戸十和田
三沢空港
第二みちのく有料道路
101
青森空港
津軽岩木スカイライン
鶴の舞橋
青森空港有料道路
394
103
弘前タウン
弘前公園
中央弘前
弘南鉄道
黒石
102
八甲田
十和田市
102
八戸北IC
八戸
十二湖
奥入瀬渓流
銚子大滝
454
本八戸
八戸IC
五能線
白神岳
② 弘前
白神山地
102
十和田湖
① 奥入瀬・十和田
八戸自動車道
103
104
4
秋田県
奥羽本線
東北自動車道
盛岡ICへ
盛岡へ
岩手県
秋田へ

まだまだあります
魅力的なエリア

長寿のパワースポットとしても知られる鶴の舞橋

波打ち際まで広がる天然芝が美しい八戸の種差天然芝生地

1日目

出発ー！

11:00 新青森駅

新幹線の停車駅。ルートバス「ねぶたん号」に乗って青森観光へ。青森駅へは電車で6分

特別史跡 11:30 三内丸山遺跡

復元建物などがある日本最大級の縄文遺跡（☞P80）。レストランには縄文グルメも充実

13:00 青森県立美術館

青森県出身アーティストの作品を収蔵。名作を鑑賞し、アートの世界に没入（☞P82）

ベイエリアへ

バスで青森市街へ。アスパムには展望台やおみやげコーナーなどが入っています（☞P74）

ねぶたの家 15:00 ワ・ラッセ

一年を通して青森の夏の風物詩・青森ねぶた祭を体感できる人気スポット（☞P74）

「A-FACTORY」でお買物。シードル工房やイートインコーナーもあります（☞P75）

17:00 青森ベイブリッジ

青森ベイブリッジ（P75）はベイエリアを代表するスポット。海風を感じながら散策を

おやすみ…

17:30 浅虫温泉

青森駅から電車で20分。陸奥湾沿いに多彩な宿が点在する浅虫温泉（☞P88）に宿泊

2日目

11:00 弘前駅

翌日は弘前市内を観光。弘前駅内には観光案内所があり、自転車を借りられます（500円〜）

贅沢ランチ♪

フレンチの名店が多い弘前。「レストラン山崎」でフランス料理を堪能（☞P51）

13:00 弘前公園

東北唯一の現存天守である弘前城があり、桜の名所。紅葉や雪景色も見事（☞P44）

大正時代の建物をリノベーション「スターバックス コーヒー 弘前公園前店」（☞P53）

2泊3日、とっておきの青森の旅

絶景、温泉、カルチャースポット、みどころいっぱいの青森県。
郷土料理や新鮮魚介など、グルメの楽しみも尽きません。
青森、弘前、奥入瀬をめぐる欲張りプランで青森の魅力を存分に！

15:00 旧弘前市立図書館

赤いドーム屋根が目を引く、弘前を代表する洋館。趣向を凝らした内装にも注目(☞P48)

おやすみ…

15:30 旧東奥義塾外人教師館

旧弘前市立図書館に隣接するメルヘンな洋館も見逃せない。カフェも併設(☞P48)

3日目

16:00 弘前れんが倉庫美術館

築約100年の赤レンガ倉庫が美術館に。カフェ・ショップ棟にはシードル工房も(☞P46)

「BRICK A-FACTORY」はJR弘前駅内にあり、おみやげ選びに最適(☞P62)

18:00 界 津軽

津軽三味線の生演奏などを楽しめる温泉宿。リンゴが浮かぶ大浴場も(☞P64)

11:00 十和田湖

弘前駅から十和田湖(☞P22)へはレンタカーで。遊覧船から絶景を満喫

十和田湖名物

十和田神社付近の食事処「おみやげとお食事 もりた」で、特産のヒメマスを(☞P26)

13:00 十和田神社

1000年以上の歴史をもつ東北屈指のパワースポット。おより紙占いが人気(☞P23)

到着ー!

14:00 奥入瀬渓流

十和田八幡平国立公園を代表する景勝地。滝や清流などを眺めながら散策(☞P20)

十和田市 16:00 現代美術館

「奥入瀬渓流館」には青森県産リンゴを楽しめるかわいいスイーツがいろいろ(☞P21)

世界的な著名作家の作品を屋内外に展示。現代アートを体感しましょう(☞P30)

17:30 七戸十和田駅

七戸十和田駅または八戸駅でレンタカーを返却。美術館から八戸駅へは車で40分ほど

日程に余裕があればこちらも！

3泊4日なら津軽半島や八戸も楽しめます

太宰治ゆかりの地や半島ドライブを満喫！

弘前・青森からひと足のばせば、太宰治ゆかりのスポットが点在する金木や絶景ドライブを楽しめる津軽半島も(☞P94・96)

港町・八戸で名物の市場や横丁へ

日本最大級の規模を誇る朝市「館鼻岸壁朝市」をはじめ、人気の市場で八戸の味覚を堪能。夜は横丁で郷土料理や地酒を(☞P104)

13

ココミル♦
cocomiru

弘前 青森 十和田 奥入瀬

Contents

●表紙写真
ふじ・王林（P117）、旧弘前市立図書館（P48）、chicori（P59）の鳩笛、奥入瀬渓流（P20）の三乱の流れ、弘前城（P44）、縄文時遊館（P81）の縄文パフェ、青森県立美術館（P82）のあおもり犬、青森ねぶた祭（P78）のねぶた、レストラン ラヴィ（P86）、鶴の舞橋（P92）

14

〈マーク〉

- 🏯 観光みどころ・寺社
- 🏞 プレイスポット
- 🍴 レストラン・食事処
- 🕐 居酒屋・BAR
- ☕ カフェ・喫茶
- 🛍 みやげ店・ショップ
- 🏨 宿泊施設

〈DATAマーク〉

- ☎ 電話番号
- 🏠 住所
- ¥ 料金
- 🕐 開館・営業時間
- 休 休み
- 交 交通
- P 駐車場
- 室 室数
- MAP 地図位置

15

奥入瀬渓流でリフレッシュ

十和田湖の絶景ビューで深呼吸

湖畔さんぽで観光船に乗ろうかな？

十和田湖グルメ・ヒメマスも

椿昇〈アッタ〉
photo:©MamiIwasaki

感性を刺激する現代アート

渓流沿いでラグジュアリーステイ

湿原散策も楽しい八甲田山

ロープウェーで空の散歩

ビティで自然を満喫

老舗宿で名湯に浸かって

長い時間をかけて自然が作り出した風景
奥入瀬・十和田でダイナミックな絶景を満喫！

10を超える山々が連なる雄大な八甲田山や、
森と清流に癒やされる奥入瀬渓流、
神秘的な十和田湖と景勝地揃いなエリア。
絶景ドライブ＆ハイクをゆったり楽しんで。
古くから続く名湯めぐりも忘れずに。

これしよう！
奥入瀬渓流で
爽快トレッキング

変化に富んだ流れが目の
前に。コケを観察できるガイ
ドツアーも実施(☞P20)。

これしよう！
名湯・秘湯で
リフレッシュ

蔦温泉などの秘湯宿、奥
入瀬渓流沿いの温泉宿な
ど多彩(☞P34)。

これしよう！
アクティビティで
十和田湖を満喫！

カヌーやボートのほか、奥入
瀬氷瀑ナイトツアーなど季
節限定の楽しみも(☞P28)。

渓流、湖、山の絶景と秘湯に癒やされる

奥入瀬・十和田

おいらせ・とわだ

奥入瀬モスボール
パークの奥入瀬渓
流をモチーフにした
苔玉(☞P33)

こんなところ

約14kmにわたって緑のトンネルが続く
奥入瀬渓流や、遊覧船からの景色も楽し
める十和田湖など、青森県を代表する景
勝地が集まるエリア。多彩なアクティビ
ティで、ダイナミックな自然を体感する
のもおすすめ。秘湯ファンに人気の温泉
地が点在し、宿選びも楽しい。

ａｃｃｅｓｓ

【バス】
八戸駅からJRおいらせ号を利用。十
和田市現代美術館まで40分、焼山ま
で50分、十和田湖(休屋)まで45分。
※1日1~2便。十和田市現代美術館
~十和田湖(休屋)は冬期運休

【車】
八戸自動車道八戸西スマートICから
国道454・102号など約48kmで焼山、
国道102・103号 約23kmで十和田
湖(休屋)

問合せ ☎0176-75-2425
十和田湖総合案内所
MAP P120、付録P2-5

～奥入瀬・十和田 はやわかりMAP～

青森駅
田代元湯
八甲田温泉
青森市
城ヶ倉温泉
酸ヶ湯温泉
八甲田山麓
谷地温泉
猿倉温泉
黒石市

八甲田山麓
老舗宿が点在。ロープウェーやドライブコースもあり、絶景も楽しめる。

七戸町
七戸運動公園
七戸町営スキー場
東北新幹線
七戸バイパス

十和田市現代美術館
（☞P30） **1**
十和田市役所
八戸駅
十和田市街

奥入瀬渓流・十和田湖
渓流を下流からたどると十和田湖へ。湖畔には神社や食堂も。

蔦温泉旅館
（☞P36） **6**
奥入瀬渓流温泉スキー場
法量のイチョウ
十和田湖温泉郷

青森県
十和田市

十和田市街
十和田市現代美術館のほか、ご当地グルメ「十和田バラ焼き」の人気店などがある。

松見ノ滝
奥入瀬バイパス

奥入瀬渓流 **2**
（☞P20）

駒形神社

九段ノ滝
滝ノ沢キャンプ場
十和田湖
和井内神社
御倉山
宇樽部キャンプ場
十和田神社

おみやげとお食事 もりた **3**
（☞P26）

新郷村
大石神ピラミッド
弥栄神社

五戸町

観光のヒント
1泊2日以上なら車移動が安心
奥入瀬渓流や十和田湖周辺のみの観光であればバス移動でOKだが、十和田市街や八甲田山麓の温泉などエリア全体を回るなら車がおすすめ。

小坂町

十和田湖マリーナ **5**
（☞P22）

十和田湖遊覧船 **4**
（☞P22）

秋田県
鹿角市

0　　　5km

おすすめコース
ぐるっと回って
1泊2日

せっかくなら、八甲田山麓の秘湯に泊まりたい。車で移動すれば、翌日は八甲田山麓のドライブを楽しんだり、青森タウンまで足をのばしたり、楽しみが広がる。

スタート	1 みる	2 みる	3 たべる	4 みる	5 カフェ	6 泊まる	ゴール
八戸駅	十和田市現代美術館	奥入瀬渓流	おみやげとお食事もりた	十和田湖遊覧船	十和田湖マリーナ	蔦温泉旅館	青森駅
	車で40分	車で30分	車で30分	徒歩5分	徒歩2分	車で40分	車で1時間30分

澄んだ水と豊かな森に癒やされよう
奥入瀬渓流ハイキング

バスと徒歩を組み合わせて、すべての名所を巡ることもハイライトだけを
楽しむこともできる奥入瀬渓流。自然に癒やされながらゆったりと過ごそう。

Check!
奥入瀬渓流って？

十和田湖北岸の子ノ口から焼山まで約14kmにわたって続く、国指定の特別名勝および天然記念物。滝が連続する上流域、激しい流れが続く中流域、ゆるやかな流れの下流域に分けられる。水の透明度が極めて高いことに加えて、希少な苔類が生い茂っているのも特徴。
☎0176-75-2425（十和田湖総合案内所）🏠十和田市奥入瀬 ¥🕐休散策自由 🚌バス停焼山下車 🅿450台（焼山駐車場）MAP付録P2-3・4

① 三乱の流れ
<small>さみだれのながれ</small> START

**絡み合う水流の
多彩な表情を楽しめる**

奥入瀬渓流屈指の名所。点在する岩々が幾筋もの流れをつくり出していて多彩な表情を楽しめる。岩に根を張る苔にも注目。

② 阿修羅の流れ
<small>あしゅらのながれ</small>

**清流がほとばしり
流動する姿は圧巻！**

ポスターなどによく登場する奥入瀬渓流随一の景勝地。うっそうとした木々に囲まれた岩の間を、清流が幾重にも連なりながら流れる。

③ 雲井の滝
<small>くもいのたき</small>

**水量豊かな
3段に流れる滝**

落差約25mで3段になって落下する。水量が豊富で岩が削りとられるのも速いため、渓流沿いの滝のなかでも奥まったところまで後退している。

④ 白糸の滝
しらいとのたき

幾筋もの白い糸のような繊細な滝にうっとり

落差30mほどで幅の狭い滝。奥入瀬渓流ではほかにも、雲井の滝や双竜ノ滝、九段の滝など、さまざまな姿形の滝を見られる。

GOAL

⑤ 銚子大滝
ちょうしおおたき

圧倒的水量を誇る奥入瀬のナイアガラ

奥入瀬渓流の本流唯一の滝。幅約20m、落差約7m。水量の多さから「ジャパニーズ・スモール・ナイアガラ」ともよばれる。

立ち寄りスポット

Ⓐ 奥入瀬湧水館
おいらせゆうすいかん

1階は飲料水「奥入瀬流水」の製造工場で、2階からは製造工程が見学できる（要問合せ）。☎0176-74-1212 住十和田市奥瀬栃久保182 ⏰9時〜16時30分 休無休 交バス停奥入瀬渓流館からすぐ P80台 MAP付録P2

▲レンタサイクルも受付（シティサイクル4時間1000円）

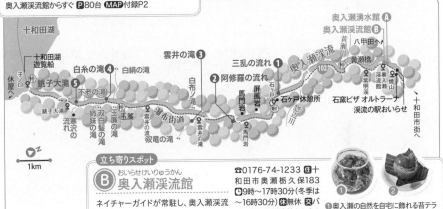

立ち寄りスポット

Ⓑ 奥入瀬渓流館
おいらせけいりゅうかん

ネイチャーガイドが常駐し、奥入瀬渓流の案内を行う。リンゴスイーツを味わえるカフェや奥入瀬みやげが揃うショップも。

☎0176-74-1233 住十和田市奥瀬栃久保183 ⏰9時〜17時30分（冬季は〜16時30分）休無休 交バス停奥入瀬渓流館からすぐ P80台 MAP付録P2

①奥入瀬の自然を自宅に飾れる苔テラリウム3520円〜 ②リンゴをまるごと使ったケーキ・あおもりんごさん648円

奥入瀬渓流のめぐり方

初心者は歩く距離が短い「バス＋徒歩」の散策がおすすめ。バスの本数は1日5本程度（時期により異なる）なので、事前に時刻表をチェックしておこう。休憩所は石ケ戸休憩所のみだが、随所にベンチもある。

新緑が広がる5月下旬〜6月上旬と、紅葉が美しい10月中旬〜下旬がベストシーズン。

絶景カフェやパワースポットも
ゆるりと十和田湖さんぽへ

十和田湖南部の湖畔は、カフェやショップなどが点在するエリア。
遊覧船やパワースポットをめぐり、優雅な湖さんぽを満喫しましょう。

1 とわだこゆうらんせん
十和田湖遊覧船

湖上から十和田を楽しむ

奥入瀬川の源流にあたる十和田湖は、周囲約46km、水深約327mの大きなカルデラ湖。休屋発着のコース「おぐら・中山半島めぐり航路」と休屋・子ノ口間の片道コース「休屋・子ノ口航路」（**MAP**P24）がある。いずれも所要時間は約50分。恵比寿大黒島や甲島、鎧島など十和田湖のみどころを見てまわれる。

☎0176-75-2909（十和田観光電鉄）🏠十和田市奥瀬十和田湖畔休屋486 ¥乗船1500円（普通席）🕐8〜16時（季節により異なる、要問合せ）休11月中旬〜4月中旬 🚌バス停十和田湖（休屋）から徒歩3分 P休屋駐車場利用640台（1回500円、冬期無料）**MAP**付録P5B3・C4

湖上から絶景ビューを満喫！

美しく澄んだ湖や、変化に富んだ地形を遊覧船から眺めよう

湖畔は砂利浜や遊歩道がある

断崖は遊覧船からしか見ることができない

①開放的なロッジ風の建物は、レトロな風情がある ②リンゴの香りが豊かに香るアップルパイセット700円 ③レンタル自転車の営業あり。1時間500円、1日2500円

2 とわだこまりーな
十和田湖マリーナ

十和田湖の絶景を独り占め

十和田湖を眺めながらのんびり過ごせる湖畔のカフェ。早朝から営業しているので散歩途中のひと休みにもぴったり。湖の景色を一望できるオープンテラスは開放感たっぷり。

☎0176-75-2156 🏠十和田市奥瀬十和田湖畔休屋486 🕐6〜18時 休不定休 🚌バス停十和田湖（休屋）から徒歩7分 P休屋駐車場利用640台（1回500円、冬期無料）**MAP**付録P5C4

十和田湖の 四季

多くの人で賑わう秋も魅力的だが、表情が変わる季節それぞれの景色も楽しみたい。

春 風情を感じる湖上へ枝をのばす桜。見頃は5月上旬

夏 早朝に雲海がでやすい季節。早朝散策もおすすめ

秋 湖を囲む紅葉は圧巻！ひめますの旬は10～11月

冬 しぶき氷や霧氷など冬ならではの幻想的な景色に

---

3 乙女の像
おとめのぞう

高さ約2mの十和田湖のシンボル

昭和28年（1953）に建てられたブロンズ像。詩人で彫刻家の高村光太郎の最後の作品として知られる。そばには「十和田湖畔の裸像に与ふ」と題した光太郎の詩碑がある。

☎0176-75-2425（十和田湖総合案内所）🏠十和田市奥瀬十和田湖畔休屋486 ⏰🉐休見学自由 🚌バス停十和田湖（休屋）から徒歩15分 🅿休屋駐車場利用640台（1回500円、冬期無料）MAP付録P5C3

1 最愛の妻・智恵子がモデルといわれている 2 像周辺には遊歩道があり、湖畔の散策できる 3 近くに溶岩の島・恵比寿大黒島を見ることもできる

---

4 十和田神社
とわだじんじゃ

東北屈指のパワースポット

大同2年（807）に坂上田村麻呂が創建したと伝わる歴史ある神社で、日本武尊と湖の主である青龍大権現が祀られている。古木に囲まれた参道や拝殿は神秘的な雰囲気だ。および紙占いが人気。

☎0176-75-2508 🏠十和田市奥瀬十和田湖畔休屋486 ⏰🉐休境内自由 🚌バス停十和田湖（休屋）から徒歩15分 🅿休屋駐車場利用640台（1回500円、冬期無料）MAP付録P5C3

霊場恐山（☞P100）と並ぶ東北二大霊場

これもチェック

および紙占いで運だめし

1 参拝のあと、本殿の隣にある授与所でおよび紙200円をいただく

2 および紙に願いを込めながら、こよりを作る

3 湖面に落としてそのまま沈めば願いが叶うとされている

---

5 暮らしのクラフト ゆずりは
くらしのくらふと ゆずりは

暮らしに寄り添う北国のクラフト

東北各地の手作り品が揃うセレクトショップ。こぎん刺しや津軽塗など工芸品も多数。奥入瀬渓流近くに姉妹店（MAP付録P4C3）もある。

☎0176-75-2290 🏠十和田市奥瀬十和田湖畔休屋486 ⏰10～17時 休冬期休 🚌バス停十和田湖（休屋）から徒歩5分 🅿5台 MAP付録P5C3

職人の技術や独特の風合いを感じてみよう

中山半島
3 乙女の像
4 十和田神社
恵比寿大黒島
開運の小道
おみやげとお食事 もりた
弁慶
御食事処 神田川
5 暮らしのクラフト ゆずりは
十和田食堂
十和田湖局
青森県 十和田市
喫茶憩い
十和田荘
十和田湖遊覧船（乗り場）
十和田湖（休屋）
十和田湖マリーナ
2
とわだこ賑山亭
十和田ビジターセンター
とわだこ遊月
十和田湖
103
秋田県 小坂町
N
200m

📖 十和田神社には身に付けやすい指輪のお守り800円があります。色はゴールドとシルバーの2種類。

さまざまな角度から湖を観賞
十和田湖ビュードライブ

約20万年前から始まった火山活動で形成されたカルデラ湖で、透明度の高い美しい水の十和田湖。神秘的な湖を望むビュースポットめぐりで感動のドライブを。

START 🚗 **十和田湖休屋**

風がなければ湖面に木々や空が映り、神秘的

◀湖を囲うように色づく紅葉は息をのむ美しさ

① 瞰湖台 かんこだい

観光拠点・休屋エリアから一番近い展望台

中山半島と御倉半島の間の付け根にある標高583mのビュースポット。十和田湖の中でも特に透明度の高い中湖に面している。

☎0176-75-1531（十和田湖観光交流センターぷらっと）⑭十和田市奥入瀬十和田湖畔宇樽部国有林64 ¥🕐見学自由 🈺11月下旬～4月下旬冬期閉鎖 🚗八戸自動車道八戸西スマートICから車で1時間30分 Ⓟ3台 MAP付録P5B4

② 御鼻部山展望台 おはなべやまてんぼうだい

空に近い場所から見下ろす大パノラマ

中山半島や御倉半島の対岸、十和田湖の北側に位置する。十和田湖の展望台の中で最も高い標高1011mにあり、十和田湖のほぼ全景が広がる。晴れていれば岩手山が遠くに見える。

☎0176-75-1531（十和田湖観光交流センターぷらっと）⑭十和田市奥入瀬尻辺山国有林68 ¥🕐見学自由 🈺11月下旬～4月下旬冬期閉鎖 🚗八戸自動車道八戸西スマートICから車で1時間15分 Ⓟ100台 MAP付録P5A3

平川市
青森県
十和田市
102
奥入瀬渓流
2km
102
❷御鼻部山展望台
レークサイド山の家
おぐら・中山半島めぐり航路→P22
休屋・子ノ口航路→P22
銚子大滝▲
十和田湖
遊覧船発着所
子ノ口
和井内神社
十和田ふるさとセンター
御倉半島
東湖
103
宇樽部キャンプ場
宇樽部⚓
小坂町
▲鉛山
中山半島
十和田ホテル
中湖
下宇樽部
❶瞰湖台
乙女の像
十和田神社
十和田（休屋）
103
西湖
遊覧船発着所
❸白雲亭展望所
十和田湖観光交流センターぷらっと
454
和井内
秋田県
紫明亭展望所❹
十和田ビジターセンター
鹿角市
発荷峠展望台❺
発荷峠

湖の入り組んだ地形を見るならココへ

「十和田ホテル」は昭和14年（1939）開業。本館は、宮大工が秋田杉の巨木を使用して建てたもので国の登録有形文化財。これまで国内外の多くの要人を迎えた歴史をもつ。
☎0176-75-1122 **MAP** 付録P5A4

③ 白雲亭展望所
はくうんていてんぼうじょ

森を抜けると広がる
山と湖のコントラスト

鉛山峠登山口から1時間ほど歩いた先の展望台。アップダウンはあまりないが、訪れる際はトレッキングの準備を。中湖、西湖、半島が織りなす変化に富んだ自然美を感じる。

☎0186-29-3908（小坂町観光産業課）住秋田県鹿角郡小坂町十和田湖鉛山 料見学自由 休11月中旬～4月下旬冬期閉鎖 交東北自動車道小坂ICから車で40分 P鉛山峠入口駐車場利用 **MAP** 付録P5A4

雲海は5～7月の7～10時頃に発生しやすい

©十和田湖奥入瀬観光機構

中山・御倉半島、休屋エリアが正面に見える

④ 紫明亭展望台
しめいていてんぼうだい

湖がハート型に見える
恋のパワースポット

昭和2年（1927）日本八景の湖沼部門に選ばれたことを記念して建立した石碑がある。ここから見る十和田湖がハートの形に見えることから、パワースポットとしても評判だ。

☎0186-29-3908（小坂町観光産業課）住秋田県鹿角郡小坂町十和田湖中ノ平 料見学自由 休11月中旬～4月下旬冬期閉鎖 交東北自動車道小坂ICから車で30分 P20台 **MAP** 付録P5A4

御鼻部山や南八甲田連峰を望む雄大な景色

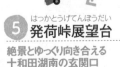

⑤ 発荷峠展望台
はっかとうげてんぼうだい

絶景とゆっくり向き合える
十和田湖南の玄関口

紫明亭展望台から車で3分ほどの場所に位置し、第一・第二休憩所が約100m離れて配置されている。第一展望休憩所には、ガラス張りの展望スペースや双眼鏡、トイレがある。

☎0186-29-3908(小坂町観光産業課)住秋田県鹿角郡小坂町十和田湖休平64-1 料見学自由 休11月中旬～4月下旬冬期閉鎖 交東北自動車道小坂ICから車で30分 P30台 **MAP** 付録P5A4

モデルコース

所要時間 3時間

十和田湖休屋 Start
↓約4km、車で8分
❶ 瞰湖台
↓約20km、車で35分
❷ 御鼻部山展望台
↓約18km、車で30分
❸ 白雲亭展望所
↓約8km、車で15分
↓＋徒歩1時間
❹ 紫明亭展望台
↓約1km、車で3分
❺ 発荷峠展望台
↓約8km、車で15分
十和田湖休屋 Goal

📖 十和田湖の絶景は、朝日が差し込む早朝や湖面を真っ赤に染める夕暮れ時に楽しむのもおすすめ。

名産食材やご当地グルメを堪能 とっておきの十和田湖ランチ

十和田湖といえば、ヒメマスが名産。刺身や塩焼きを味わおう。
ほかにもバラ焼きやブランド肉など、ご当地グルメで旅の思い出を作りましょう。

開運ひめます親子めし
2100円

ヒメマスの切り身とヒメマスのイクラを贅沢に丼に。米は十和田神社で祈祷してもらったもの

写真提供：十和田湖ひめますブランド推進協議会

おみやげとおしょくじ もりた
おみやげとお食事 もりた

十和田湖産ヒメマスの甘みを味わって

十和田神社の鳥居前にある食事処。新鮮なヒメマスを使った料理は、刺身や天重、押し寿司などで楽しめる。乙女の像にちなんで名付けた乙女もち250円やきりたんぽ250円など、散策途中に楽しみたいテイクアウトメニューも充実。

☎0176-75-2206 住十和田市奥瀬十和田湖畔林486 時9〜17時 休11月下旬〜4月下旬 交バス停十和田湖(休屋)から徒歩7分 P10台 MAP付録P5C3

■ おからこんにゃくを香ばしく揚げたヘルシーなこんカツ300円

2 食事処のテーブル席は16席のみ。みやげ処も併設している

3 食事メニューは11時30分〜15時頃まで。テイクアウトは17時まで

湖畔のカフェで
景色とスイーツを

「十和田湖マリンブルー」は、窓のすぐ外に湖が広がるカフェ。青森県産リンゴたっぷりの自家製アップルパイ500円と絶景を堪能しよう。レンタルボートもあるのでチェックしてみて。☎0176-75-3025 MAP 付録P5C4

こちらもおすすめ！
オーダー後に焼くあっぷるパイ418円

十和田バラ焼き定食
1342円
甘辛タレの十和田名物・バラ焼きは牛肉を机上で炒める。アツアツをいただこう

こちらもおすすめ！
比内地鶏親子丼1650円（セット）は、鶏肉も卵も比内地鶏の贅沢な一品

桃豚丼
1320円
ジューシーさが自慢の十和田湖高原ポーク桃豚を特製ダレで煮た丼

とわだしょくどう
十和田食堂
醤油ベースのタレがポイントのバラ焼き

地元で愛されるカジュアルな食堂。4月下旬〜11月上旬の期間限定で十和田バラ焼きや、ひめますの漬け丼1958円などを提供。自家焙煎したハワイコナコーヒーやアップルパイで、カフェ使いもできる。

☎0176-75-2768 住十和田市奥瀬十和田湖畔休屋486 ⏱9時30分〜15時 休12〜3月 交バス停十和田湖（休屋）から徒歩5分 P8台 MAP 付録P5C3

1 店内は明るい雰囲気 2 広々とした有料駐車場がそばにある

おしょくじどころ かんだがわ
御食事処 神田川
ブランド肉をカジュアルに味わえる

ブランド豚・十和田湖高原ポーク桃豚や比内地鶏の料理、十和田バラ焼きなどご当地グルメを気軽に味わえる食事処。うどんやそばにも比内地鶏スープを使っている。炊き上がりに25分かかる本格釜めしも評判だ。

☎0176-75-2515 住十和田市奥瀬十和田湖畔休屋486 ⏱10〜16時 休不定休 交バス停十和田湖（休屋）から徒歩5分 P15台 MAP 付録P5C3

1 入口付近にのぼりが立ち、気取らない雰囲気 2 座敷のほかカウンター席もある

十和田、奥入瀬の自然を
アクティビティで満喫！

豊かな自然を有する奥入瀬・十和田湖には多彩なアクティビティが目白押し。
絶景の中に身を置いて過ごす、感動の時間を体験してみましょう。

十和田湖

所要時間2時間15分
¥8500円
（1名の場合は1万3500円）

澄んだ水の上を涼しい
風が吹き抜けていく

とわだこかぬーつあー
十和田湖カヌーツアー

美しい湖面を
滑るように進むカヌー

10m以上の透明度をもつ十和田
湖を、カナディアンカヌーで進む。ガイ
ドのサポートがあるので初心者も
安心だ。写真を撮影したり、入江で
ティータイムを楽しんだり、多彩な
水辺時間を楽しめる。

暑い時期には、休憩時間
に泳いだり水遊びしたり
できる

☎080-1681-1036（Towadako
Guidehouse 権）働十和田市奥入瀬
十和田湖畔宇樽部 宇樽部キャンプ場
⏰9時30分～、11時30分～ 休11月中旬～4月中旬、期間中休
業日あり 交バス停下宇樽部から徒歩10分 P10台 MAP付録P5B4

奥入瀬渓流

ライトコース
所要時間1時間30分
¥3500円～
※3日前までに要予約

ルーペは貸出無料。魅
力を知り、苔のイメージ
が変わる人も多い

おいらせけいりゅうこけさんぽ
奥入瀬渓流コケさんぽ

ルーペの向こうに広がる
美しいミクロの世界

岩肌や樹幹など至る所に苔が自
生する奥入瀬渓流。約300種類
が生息しており、形や色もさまざ
ま。ガイドと奥入瀬渓流を散策し
ながら、苔の生態やデザインの美
しさを感じてみよう。

近くで見ると精緻な形状
をしている様子がわかる

☎0176-23-5866（FORESTON）
働ライトコースの集合場所は石ヶ戸
休憩所（変更の場合あり）⏰ライトコース6時15分～、13時30
分～の1日2回 休11月中旬～4月中旬 交バス停石ヶ戸から徒歩
すぐ P40台 MAP付録P4C3

静かな湖畔で
絶景を楽しむ
贅沢キャンプを

アウトドア派なら「宇樽部キャンプ場」に滞在してみよう。キャンプサイトのほかコテージもあり、雄大な山と湖を目の前にゆったりと心地良いアウトドアを楽しめる。
☎0176-75-2477 **MAP**付録P5B4

十和田湖

パワースポットクルーズ
所要時間1時間
¥6000円

天候によって色が変わる美しい湖水は神秘的

奥入瀬渓流

所要時間2時間
¥3000円

渓流も昼とは異なる表情をみせてくれる

十和田湖

所要時間3時間
¥1万1000円
（ウェアレンタル別途、1名の場合は1万6500円）

巨木から自然のパワーをもらえるかも

りぶぼーとつあー
RIBボートツアー

十和田湖の奥地へ
躍動感あふれるボートで

軍用ボートで十和田湖を巡るガイドツアー。陸上からは立ち入り禁止の保護区も訪れることができ、絶壁の壮大な風景を見ることができる。
☎090-7321-3956（RIB PIONEER）
🏠十和田市奥瀬十和田湖畔休屋486 🕐8時30分〜（1日5〜6便）🈺11〜4月🚌バス停十和田（休屋）から徒歩5分 🅿50台
MAP付録P5C3

爽やかな風や水しぶきを感じるワイルドさも魅力

ふゆのおいらせひょうばくないとつあー
冬の奥入瀬氷瀑ナイトツアー

ロマンを感じる
壮大な氷の造形美

ライトアップされた氷瀑や氷柱、雪景色など冬限定の奥入瀬の景色を楽しめる。同行するガイドから奥入瀬渓流の成り立ちなどを学ぼう。
☎0176-24-3006（十和田奥入瀬観光機構）🏠出発地は焼山、十和田市街地など🕐12月中旬〜3月中旬の18時〜（出発地により異なる）🈺火・水曜🚌出発地により異なる **MAP**付録P4C3

ライトアップされた氷瀑や渓流など5カ所を巡る

とわだこすのーらんぶりんぐ
十和田湖スノーランブリング

雪に覆われた山を歩き
自分の足で絶景に出会う

歩くスキーを体験しながら、十和田湖の雪景色や野鳥観察を楽しめる。通常、冬期は入れない隠れ展望台に行けるかも。
☎080-1681-1036（Towadako Guide house權）🏠十和田市奥瀬十和田湖畔休屋486 🕐9時30分〜 🈺期間中休業日あり、4〜12月🚌バス停十和田（休屋）から徒歩すぐ 🅿休屋駐車場利用640台（1回500円、冬期無料）**MAP**付録P5C4

夏にはない、自然が作る雪の展望台を楽しもう

📖 奥入瀬湧水館（☞P21）で自転車を借りて、奥入瀬渓流沿いのサイクリングもおすすめ。電動アシスト自転車もあります。¥1時間1000円〜

ワクワクする現代アートの宝庫
十和田市現代美術館へ

世界的に有名なアーティストによる、先端的な現代アートを楽しめる美術館。
館外にも広場やストリートにも作品が並び、街全体が美術館のようです。

●フラワーホース
2008年制作／チェ・ジョンファ／韓国
高さ5.5mのシンボル的な彫刻。十和田市の希望に満ちた未来を表現している

Photo: Alex Queen | Michael Warren

とわだしげんだいびじゅつかん
十和田市現代美術館
現代アートの世界を体感

草間彌生や奈良美智ら、世界的な著名作家の作品約40点を常設展示。美術館前の官庁街通りや広場に点在する立体アート、館内の空間と一体化したインスタレーション作品などを鑑賞しながら、現代アートの世界を体感できる。期間限定開催の企画展もある（詳細は要問合せ）。

☎0176-20-1127 🏢十和田市西二番町10-9 ¥入館1800円（企画展がない場合は1000円）🕘9～17時（入館は～16時30分）🈺月曜（祝日の場合は翌日）🚌バス停十和田市現代美術館からすぐ 🅿90台
MAP P121D3

✿ココミルポイント✿ ·········

●アッタ
2008年制作／椿昇／日本
農耕アリとして知られるハキリアリがモチーフ。自然の営みに注目を促すという意味が込められている
photo:©Mamilwasaki

●スタンディング・ウーマン
2008年／ロン・ミュエク／オーストラリア
高さ約4mもの像は独特の存在感。髪やシワなど細部までリアルに表現されている
撮影：小山田邦哉

●無題
2008年制作／マイケル・リン／台湾
休憩スペースの床もアート作品。日本の織物から着想を得た鮮やかな花柄模様が足元に広がっている

撮影：小山田邦哉

十和田の街なかで見つけたアートなみどころ

アート広場...多彩なパブリックアートが並ぶ。一部作品は中に入ることができる。

●愛はとこしえ 十和田でうたう
2010年制作／草間彌生／日本

カボチャ、キノコ、少女、動物などの8つの彫刻群が鮮やかな水玉ワールドを形成。十和田市のために制作された

撮影: 小山田邦哉

●ゴースト
2010年制作／インゲス・イデー／ドイツ

大きな目玉をもったモニュメント。高さ約8mのお化けが楽しそうに浮遊している様子が印象的だ

撮影: 小山田邦哉

●ファット・ハウス ファット・カー
2010年制作／エルヴィン・ヴルム／オーストリア

家や車をあえて太らせることで「当たり前」に疑問を投げかける。家の中では映像が流れている

撮影: 小山田邦哉

官庁街通り...美術館前の通りには、ストリートファニチャーが点在している。

●トゥエルヴ・レヴェル・ベンチ
2010年制作／マイダー・ロペス／スペイン

色とりどりのタイルがランダムに並べられたベンチ。座ったり机にしたり、人によって使い方はさまざま

撮影: 小山田邦哉

●マーク・イン・ザ・スペース
2010年制作／リュウ・ジァンファ／中国

ベンチとして休憩できる大きな枕の彫刻。誰かがつい先ほどまで眠っていたような跡が中央に残っている

撮影: 小山田邦哉

📖 インパクトの強いラッピングを施した市街地巡回バス・西地区シャトルバスが街中を走っています。アートなバスに乗ってみましょう。

ココにも行きたい

十和田のおすすめスポット

十和田湖
とわだびじたーせんたー
📷 十和田ビジターセンター

十和田湖の自然を学ぶならココ

十和田湖の成り立ちや、季節ごとに見ることができる動植物について、模型や映像などで詳しく紹介。眺めのよいラウンジもあり、くつろぎの場としてもおすすめだ。**DATA**☎0176-75-1015 ⏠十和田市奥瀬十和田湖畔休屋486 🕘9時～16時30分 ㉁水曜（4月下旬～5月下旬、7月下旬～10月下旬は無休）🚌バス停十和田湖（休屋）から徒歩3分 🅿145台（有料）**MAP**付録P5C4

奥入瀬渓流
おいらせねいちゃーうぉーく
🎵 奥入瀬ネイチャーウォーク

知らなかった奥入瀬に出合う

奥入瀬渓流の遊歩道約3kmを専門のネイチャーガイドと一緒に3時間かけてじっくり歩くツアー。絶景を眺めながら、植物や地質、成り立ちなど、さまざまな観点から奥入瀬の魅力を知ることができる。**DATA**☎0176-23-5866（FORESTON）¥5000円～ 🕘9時～12時 ㉁11月中旬～4月中旬 ⏠集合場所は石ヶ戸休憩所 🚌バス停石ヶ戸からすぐ 🅿約30台 **MAP**付録P4C3

十和田市街
ばにくりょうり きっちょう
🍲 馬肉料理 吉兆

馬肉入りのあっさりバラ焼き

牧場直営の馬肉料理店で、鮮度のいい馬肉を使ったバラ焼きが人気。牛肉よりあっさりとした味わいで、脂の甘みが強い。その

ほか馬肉鍋1460円（1人前）～や馬刺1210円などもある。1人分は厨房料理で提供。2人分以上から自分で焼くスタイルになる。**DATA**☎0176-24-9711 ⏠十和田市西三番町15-4 🕘11～14時、17～22時 ㉁日曜 🚌バス停十和田市中央から徒歩10分 🅿12台 **MAP**P121D3

十和田湖
かいうんのこみち
📷 開運の小道

両側に大木が茂る緑豊かな一本道

十和田湖畔と十和田神社をつなぐ200mほどの小道で、パワースポットとして評判。小道には風ノ神、火ノ神、山ノ神、金ノ神、天ノ岩戸、日ノ神を祀る6つの祠がある。**DATA**☎0176-75-2425（十和田湖総合案内所）⏠十和田市奥瀬十和田湖畔休屋 🕘散策自由 🚌バス停十和田湖（休屋）から徒歩10分 ㉁休屋駐車場利用640台（1回500円、冬期無料）**MAP**付録P5C3

十和田市郊外
てづくりむら りそうきょう
🏯 手づくり村 鯉艸郷

四季の花々に包まれた体験村

そば打ち体験2時間1500円や石窯ピザ作り体験1時間1500円、ジュンサイ摘み取り体験1時間800円などの各種体験ができる。また数ある花園では季節の花々を楽しめる。**DATA**☎0176-27-2516 ⏠十和田市深持鳥ヶ森2-10 ¥入園350円（5月下旬～7月下旬は700円）🕘9～17時（11月～4月中旬、8～10月は土～土曜（予約時は営業）🚌JR七戸十和田駅から車で17分 🅿250台 **MAP**P120C3

十和田市郊外
のうえんかふぇ ひびき
🍽 農園カフェ 日々木

古民家で野菜たっぷりランチを

築70年以上の古民家を和風モダンにリノベーションしたカフェレストラン。野菜ソムリエが厳選した地元野菜をふんだんに使ったヘルシーなメ

ニューが評判だ。写真の農園かご盛りランチ（デザート、ドリンク付）1210円は1日40食の限定。**DATA**☎0176-27-6626 ⏠十和田市相坂高見147-89 🕘11～14時LO ㉁水曜 🚌JR七戸十和田駅から車で25分 🅿50台 **MAP**P121D3

十和田市街
しせき たいそづか（にとべきねんかん）
📷 史跡 太素塚（新渡戸記念館）

新渡戸3代の偉業を伝える

地域の発展に尽力した新渡戸一族や、世界平和に貢献した新渡戸稲造を祀る墓所。記念館では約8000点の関連資料を所蔵している。建物のそばには新渡戸3代の銅像が立つ。**DATA**☎080-5578-5939 ⏠十和田市東三番町24-1 🕘見学自由（記念館は要予約）¥見学無料 🕘10～16時 ㉁土・日曜、祝日）🚌バス停十和田市中央から徒歩15分 🅿40台 **MAP**P121D3

十和田市街
とんかつ とんとん
🍽 TONKATSU TONTON

地元素材にこだわるカツサンド

十和田市現代美術館そばのトンカツ店。地元ブランド肉を用いた奥入瀬ガーリックポークミルフィーユカツサンド1600円が名物。カツサンドはテイクアウトもOKだ。**DATA**☎0176-25-3132 ⏠十和田市西三番町1-28-2 🕘11時30分～14時（日曜、祝日は～14時30分）、17時30分～19時30分（夜は要予約）㉁不定休 🚌バス停十和田市現代美術館から徒歩2分 🅿4台 **MAP**P121D3

十和田市郊外
しょくじどころおいらせほんてん
🍽 食事処おいらせ本店

多彩な十和田の食から選ぼう

県産のそば粉を使った自家製そばのほか、十和田名物の馬肉料理、地元野菜の天ぷらなど、十和田・奥入瀬の味が揃う。約20種類の十和田産食材を使用した十和田おいらせ餃子は、おいらせ餃子ラーメンセット830円でも楽しめる。**DATA**☎0176-72-3113 ⏠十和田市奥瀬小沢口90-1 🕘11～14時（夜は予約時のみ）㉁水曜 🚌JR七戸十和田駅から車で30分 🅿15台 **MAP**P120C3

奥入瀬渓流
石窯ピザ オルトラーナ
いしがまぴざ おるとらーな

鮮度抜群の旬の野菜がたっぷり!

県内の農家から直接仕入れた新鮮な野菜を積極的に取り入れたピザが評判。石窯で焼き上げた生地は香ばしく、カリッとクリスピーな食感。4月下旬～11月中旬はビュッフェ形式で営業(1時間2150円)。ビュッフェ時は、7種類のピザや野菜料理が並ぶ。**DATA** ☎0176-70-5955 住十和田市奥瀬栃久保11-253 ⏰11時～14時30分LO 休不定休 交バス停焼山からすぐ P8台 MAP付録P4C3

奥入瀬渓流
奥入瀬モスボールパーク
おいらせもすぼーるぱーく

苔玉とひょうたんランプの制作を体験

苔玉の展示販売・制作体験を行う奥入瀬モスボール工房と、ひょうたんランプの展示販売・制作体験を行う奥入瀬ランプ工房を併設。自家製のひょうたんに苔の模様を施した灯りを楽しもう。**DATA** ☎080-2165-7454 住十和田市法量焼山64～195 ￥こけ玉作り体験2000円～、ひょうたんランプ制作体験5000円～ ⏰9～16時 休冬期 交バス停奥入瀬流温泉からすぐ P10台 MAP付録P4C3

奥入瀬渓流
渓流の駅おいらせ
けいりゅうのえきおいらせ

奥入瀬渓流散策の休み処

みやげ物の売店や、十和田バラ焼きや八戸せんべい汁、ひめます料理などご当地グルメを味わえる食事処を備える。奥入瀬渓流の玄関口にあり、館内から見える新緑や紅葉の景色も見事だ。**DATA** ☎0176-74-1121 住十和田市奥瀬栃久保11-12 ⏰9～16時(レストラン11～15時) 休期間無休、11月中旬～4月中旬は休業 交バス停焼山からすぐ P50台 MAP付録P4C3

十和田市郊外
365
さんろくご

レストランやカフェ、ボルダリングも

青森県産の安全、安心な食を味わえるレストランやカフェ、グロッサリー、ベーカリーを併設した複合施設。「心と体を元気にする」をテーマに掲げ、ボルダリング施設やボディメンテナンス施設もある。**DATA** ☎0176-58-6951 住十和田市東一番町10-9 ⏰10～20時(祝日の場合は翌日) 休水曜 交JR七戸十和田駅から車で20分 P40台以上 MAP P121D3

十和田市郊外
菓子工房 京甘堂
かしこうぼう きょうかんどう

十和田にちなんだスイーツをみやげに

30種類以上のスイーツが常時並ぶ、地元で愛される菓子店。創業以来の人気を誇る、湖畔のおとめ165円など、十和田をイメージした商品も数多い。スイーツやドリンクを味わえる喫茶室もある。**DATA** ☎0176-22-0976 住十和田市東十二番町20-25 ⏰9～21時(喫茶は～18時LO) 休無休 交バス停十和田市中央から徒歩16分 P6台 MAP P121D3

十和田市郊外
奥入瀬「奥入瀬ろまんパーク」
おいらせ「おいらせろまんぱーく」

青森らしさいっぱいの道の駅

2022年5月にリニューアルした奥入瀬観光の東の玄関口となる道の駅。青森りんごを体験しながら楽しめる「あら、りんご。ファクトリーショップ」や、奥入瀬ビールを楽しめるブルワリーレストランなど、青森らしい魅力が詰まった施設だ。**DATA** ☎0176-72-3201 住十和田市奥瀬堰道39-1 ⏰9～18時 休無休 交JR七戸十和田駅から車で30分 P327台 MAP P120C3

甘辛ダレが食欲をそそる 十和田のご当地グルメ

「十和田バラ焼き」は、牛バラ肉とスライスしたタマネギを醤油ベースのタレに絡めて鉄板で焼いたご当地グルメだ。

十和田市街
漆畑畜産直営「焼肉牛楽館」
うるしはたちくさんちょくえい「やきにくぎゅうらくかん」

生産者が開店した和牛専門店

やわらかい「十和田湖和牛」バラ焼き1580円は、県産ニンニク入りダレがポイント。「とわだ短角牛」バラ焼き980円もある。**DATA** ☎0176-58-7731 住十和田市東三番町1-27瀬戸ビル2階 ⏰17～22時LO 休日曜 交バス停十和田市中央から徒歩2分 Pなし MAP P121D3

十和田市街
司 十和田バラ焼き大衆食堂
つかさ とわだばらやきたいしゅうしょくどう

県産ニンニク&リンゴ入りの特製ダレ

十和田バラ焼き1000円。**DATA** ☎080-6059-8015 住十和田市稲生町15-41 ⏰11時～14時30分、17時30分～22時LO(日曜はランチのみ) 休月曜(祝日の場合は翌日) 交バス停十和田市中央から徒歩3分 Pアートステーショントワダ駐車場利用 MAP P121D3

十和田市街
大昌園
だいしょうえん

昭和42年(1967)創業の老舗焼肉店

創業当時から変わらぬ味のバラ焼き660円は、シンプルながらコクと甘みを感じる一品。ライス165円と味わおう。**DATA** ☎0176-23-4413 住十和田市稲生町16-8 ⏰10時30分～21時LO 休第2・4水曜 交バス停十和田市中央から徒歩5分 P4台 MAP P121D3

📖 十和田市内ではスーパーやみやげ処などで「十和田バラ焼きのタレ」を購入することができます。

十和田・奥入瀬を散策後は
奥入瀬渓流温泉の宿でゆるり

奥入瀬渓流や十和田湖、八甲田山へのアクセスに便利な奥入瀬渓流温泉。
宿から見える景色や館内の趣から、奥入瀬の魅力を感じてみましょう。

ほしのりぞーと　おいらせけいりゅうほてる

星野リゾート
奥入瀬渓流ホテル

渓流ほとりのリゾートホテル

奥入瀬の自然を堪能できるホテル
で、渓流を望む渓流露天風呂、フレ
ンチレストランや客室が人気。渓流
オープンバスツアーなど渓流沿い
のアクティビティも充実している。

☎0570-073-022(星野リゾート予約
センター)　🏠十和田市奥瀬栃久保231
🕐IN15時／OUT12時　🚌バス停焼山
から徒歩3分　🅿100台　※休館日あり
（要問合せ）　🛏187室（和67 洋120）
●2008年開業　♨風呂：内湯男女各1
露天男女各2 貸切露天風呂あり（季節
限定）　MAP 付録P4C3

〈1泊2食付き料金〉
÷ 平日・休前日 2万2000円〜
　日帰り入浴　なし

〈この宿のお楽しみ〉

渓流沿いのテラスで
朝食をいただきます

5〜10月は渓流テラスで朝食
を楽しめる。川のせせらぎを
聞き、爽やかな風を感じなが
ら、気持ちよい一日をスタート。

ピクニック気
分で楽しめ
る。前日18時
まで要予約

渓流に面した
客室

森林浴気分
で湯浴みを

自然を身近に感じられる
渓流露天風呂

渓流和室　露天風呂テラ
ス付は渓流や雄大な自然
が窓の外にある

1 ロビーには岡本太郎作の大
暖炉がある　2 十和田八幡平国
立公園内に位置する　3 旬の素
材を銘醸ワインと楽しめるフレ
ンチレストラン「Sonore（ソノ
ール）」　4 5月中旬〜11月上旬
に実施される渓流オープンバス
ツアー　5 Sonoreで味わえる
季節限定の一皿

🏠 源泉かけ流し　🏠 部屋食　💆 エステあり　🚭 禁煙ルームあり　♨ 大浴場あり　🚶 ひとり宿泊OK

ののはな やけやまそう
野の花 焼山荘

青森ヒバ造りの和風旅館

全館青森ヒバ造り、館内はすべて畳敷という和の風情が漂う宿。すべて手作りの料理で、地元の食材を使用した郷土料理を味わえる。源泉かけ流しの温泉は24時間楽しむことができる。

☎0176-74-2345 🏠十和田市法量焼山64 🕐IN15時／OUT10時 🚌バス停奥入瀬渓流温泉から徒歩3分 🅿30台 🛏23室（和23）●1971年開業 ●風呂：内湯2 露天2 貸切あり（要予約）MAP付録P4C3

1泊2食付料金
÷平日 1万2100円〜
÷休前日 1万3200円〜
••••• 日帰り入浴 •••••
¥600円 🕐13時30分〜19時
休要問合せ

1 加温なしの源泉かけ流しの贅沢な湯浴みを楽しめる 2 青森県産黒毛和牛や新鮮な魚など地元の食材のほか、青森の旬を取り入れた料理 3 ロビーも畳敷で寛ぎの空間が広がる

おいらせ もりのほてる
奥入瀬 森のホテル

癒やしに満ちたひと時

開放的なカフェラウンジや露天風呂を備え、奥入瀬渓流散策後のリラックスタイムにぴったり。生産者から直接仕入れた新鮮野菜などの地元食材を使う、自然の恵みを感じられる料理も自慢のひとつ。

☎0176-70-5000 🏠十和田市法量焼山36-20 🕐IN15時／OUT11時 🚌バス停奥入瀬渓流温泉から徒歩13分 🅿約80台 🛏41室（和17洋20 和洋4）●2011年開業 ●風呂：内湯男女各1 露天男女各1 貸切なし MAP付録P4C3

1 源泉は八甲田山麓の猿倉温泉。やわらかな肌ざわりの泉質だ 2 和室もシンプルなシングルルームも揃える 3 肩肘張らずに箸で食べるコース「奥入瀬キュイジーヌ」

1泊2食付料金
÷平日 1万3500円〜
÷休前日 1万5660円〜
••••• 日帰り入浴 •••••
¥500円
🕐11〜15時 休要問合せ

温泉も風情も心地いい
名湯派の八甲田山麓の老舗宿

名峰・八甲田山麓には、温泉好きなら一度は訪れてみたい秘湯が点在。
古くから愛され続けている湯、絶景、宿のおもてなしに癒やされましょう。

蔦温泉
つたおんせんりょかん
蔦温泉旅館

ゆ 🖥 🚶

明治42年（1909）創業、ブナの原
生林に囲まれた老舗旅館。大正7年
（1918）に建てられた本館と鉄筋造
りの西館からなる。令和3年には客室
も一部リニューアル。ヒバを用いた内
湯では湯船の底から湯が湧き出る。

☎0176-74-2311 🏠十和田市奥瀬蔦野湯1
🚌バス停蔦温泉からすぐ Ｐ50台 🏨34室（和
32 洋1 和洋1）●1909年開業 ●風呂：内湯
男女各1 交替1 露天なし 貸切1 MAP付録
P4C3

文人墨客に愛された
風情ある湯宿

CHECK
+1泊2食付き料金+
平日・休前日 1万4300円〜
+時間+
IN15時、OUT10時

🛏男女別の泉響の湯は、天井が
高く、梁がむき出しになっている
🍱青森県産の食材を中心に、山
海の幸が並ぶ※写真はイメージ
🏠蔦沼そばの森の中に立つ一
軒宿

酸ヶ湯温泉
すかゆおんせん
酸ヶ湯温泉

ゆ 🖥 🚶

江戸時代から愛されてきた古湯で、
日本で初めて国民保養温泉地に指定
された宿。名物は湯治場風情漂う混
浴のヒバ千人風呂。約160畳もの大
浴場の広さに圧倒される。熱湯、冷
の湯など4つの湯がある。

☎017-738-6400 🏠青森市荒川南荒川山
国有林酸湯沢50 🚌バス停酸ヶ湯温泉からす
ぐ Ｐ80台 🏨51室（和51）●1933年開業 ●
風呂：内湯男女各1 混浴1 露天なし 貸切なし
MAP付録P5A2

千人風呂で知られる
東北を代表する名湯

CHECK
+1泊2食付き料金+
平日 1万2250円〜
休前日 1万3350円〜
+時間+
IN15時、OUT10時

🛁ヒバ造りの千人風呂は混浴。
8〜9時、20〜21時は女性専用
🍱山菜や魚介など旬のものを使
った夕食 🏠男女別浴場、玉の湯
は洗い場付き

城ヶ倉温泉
ほてる じょうがくら
HOTEL Jogakura
ゆ 🚫 📶 🧍

ブナ原生林に抱かれた
マウンテンリゾート

北欧の山荘をモチーフにしたマウンテンリゾート。ヨーロッパを思わせる客室は木の温もりにあふれて心地良い。周囲にはブナ原生林が広がり、大浴場や併設の露天風呂から一望できる。十和田湖などへのアクセスもよく、観光の拠点としても便利。

☎0120-38-0658 🏠青森市八甲田山中 🚌バス停城ヶ倉温泉からすぐ P100台 🛏27室(和2 洋1 その他24) ●1965年開業 ●風呂:内湯男女各1 露天男女各1 貸切なし MAP付録P5A2

1 八甲田で唯一通年入浴できる露天風呂 2 夕食、朝食は旬の食材がずらり 3 北欧テイストのレストラン

くつろぎポイント

多彩な客室
メゾネットタイプや純和室など多彩な客室から選べる

猿倉温泉
もとゆさるくらおんせん
元湯猿倉温泉
🚫 ゆ 🧍

山中深くにある
硫黄泉のにごり湯

猿倉川のほとりに立つ一軒宿。5本の源泉があり、そのうちの2本を宿の内湯と露天風呂で使っている。いずれも源泉かけ流しで、乳白色の硫黄泉。露天や客室から八甲田連峰を望める眺めのよさも特徴だ。食事は無農薬・低農薬の野菜を中心に使う。

☎080-5227-1296 🏠十和田市奥瀬猿倉1 🚌バス停猿倉温泉から徒歩10分 P30台 🛏8室(洋4 離れ4) ●明治中期開業 ●風呂:内湯男女各2 露天男女各1 貸切あり MAP付録P5B2

1 八甲田の高田大岳を眺められる露天風呂 2 食材から飲み物まで地産地消がテーマの食事 3 満天の星空が広がる

くつろぎポイント

秘湯でモダンな洋室
山中の秘湯でありながら広々とした洋室がある

谷地温泉
やちおんせん
谷地温泉
🚫 ゆ 📶 🧍

味わい深い内湯で
2本の源泉を堪能

開湯400年以上を誇る一軒宿。秘湯ムードあふれるヒバ造りの内湯には、源泉の異なる2つの湯船が並んでいる。川魚や山菜など、四季折々の山の幸が味わえる夕食の膳も楽しみ。

☎0176-74-1181 🏠十和田市法量谷地1 🚌バス停谷地温泉から徒歩5分 P60台 🛏39室(和26 和13) ●創業年不明 ●風呂:内湯男女各2 露天なし 貸切なし MAP付録P5C2

1 内湯は37℃と42℃の2つの湯舟が並ぶ 2 刺身などイワナ料理が名物 3 懐かしさを感じる和室はベッドタイプもある

くつろぎポイント

源泉かけ流し
白濁した上の湯と無色透明の下の湯、いずれも源泉かけ流し

緑あふれる八甲田山麓で
絶景ドライブ＆ハイクを満喫！

湿原や湖沼が点在する八甲田は絶好のドライブコース。
車を停めて清々しい空気の中で散策も楽しんでみましょう。

カーブの多い道路が続く。木々の間から標高
1500mを超す八甲田の山々が姿を見せる。
新緑のほか、紅葉や霧氷のシーズンもきれい

酸ヶ湯温泉近くの
八甲田山の登山口

START

焼山 🚗

コースチャート

焼山 Start
↓ 蔦の七沼まで
　約6km／10分
❶ 八甲田・十和田
**　ゴールドライン**
↓ 蔦の七沼から
　約18km／30分
❷ 城ヶ倉大橋
↓ 約20km／30分
❸ 田代平湿原
↓ 約24km／40分
焼山 Goal

▼橋は徒歩でも観光できる。車を降りてゆっくり眺めよう

はっこうだ・とわだごーるどらいん
❶ 八甲田・十和田
ゴールドライン

山岳と緑あふれるドライブコース

青森市から十和田湖方面を結ぶ道路。雄大な
八甲田連峰や新緑、春には雪の回廊が目を楽
しませてくれる。酸ヶ湯温泉などの名湯も点在。
☎017-734-5153（青森市観光課）🅈🄿通行無料
🄷11月下旬～3月末の積雪期は閉鎖 MAP付録P5C2

じょうがくらおおはし
❷ 城ヶ倉大橋

雄大な渓谷風景を満喫

眼下に城ヶ倉渓谷を見下ろすアーチ橋。
高さは122m、アーチ部分の橋の長さは
上路式アーチで日本最大級を誇る。渓
谷美と八甲田連峰のパノラマが広がり、
秋には一帯が赤や黄の紅葉に染まる。
☎017-728-0247（青森県東青地域県民局）
🄿青森市荒川南荒川山 🅈🄿🄷見学自由（冬期
は夜間通行止め）🄍JR青森駅から車で55分
🄿30台 MAP付録P5A2

酸ヶ湯温泉直営
萱野茶屋で
ひと休み

萱野高原名物の長生きのお茶を無料で試飲できる。名物は生姜味噌おでん。タケノコやこんにゃく、魚のすり身などを爽やかな生姜味噌ダレでいただく、優しい味のそばも人気に。
☎017-738-2428 **MAP**付録P5A1

散策が可能な時期は積雪のない5月下旬〜10月上旬ごろ

▲高山植物の宝庫。ハスの花も咲いている

3 田代平湿原
たしろたいしつげん

花咲く湿原を散策しよう

八甲田温泉の近くにある広大な湿原。初夏から秋（8月）にかけて、ワタスゲやニッコウキスゲ、ウメバチソウなどが可憐な花を咲かせる。一周が約1時間の木道散策路がある。

☎017-734-5153(青森市観光課) 青森市駒込深沢 見学自由(冬期閉鎖) JR青森駅から車で50分 P30台 **MAP**付録P5B1

・Check!
魅力的な湖沼が点在！

Ⓐ 蔦の七沼
つたのななぬま

蔦沼、月沼、鏡沼、菅沼、瓢箪沼、長沼、赤沼の7つの沼の総称。赤沼以外の6つの沼を約1時間で巡る散策路がある。☎0176-75-2425 (十和田総合案内所) Pあり **MAP**付録P4C3

Ⓑ 睡蓮沼
すいれんぬま

多くの沼が点在し、8月にスイレン科のエゾヒツジグサが咲く。八甲田連峰や紅葉、冬の霧氷も楽しめ、絶景ポイントとして人気だ。☎0176-75-2425 (十和田湖総合案内所) Pあり **MAP**付録P5B2

Ⓒ 地獄沼
じごくぬま

爆裂火口に温泉がたまって生まれた沼で硫黄臭が立ち込める。付近に硫黄を含むガスや温泉が噴出する噴気口が見られる。☎017-738-6400 (酸ヶ湯温泉) Pあり **MAP**付録P5A2

JR青森駅へ | 八甲田山雪中行軍遭難資料館へ
103
40 | 雪中行軍遭難記念像
高森山
酸ヶ湯温泉直営 萱野茶屋 | 3 田代平湿原
山麓駅 | 八甲田ロープウェー | 七戸町
八甲田ゴードライン | 394
青森市 | 山頂公園駅 | 山頂公園眺望ウッドデッキ
酸ヶ湯温泉 | ▲八甲田山
八甲田山登山口 | Ⓒ 地獄沼 | 十和田市
2 城ヶ倉大橋 | 谷地温泉 | 40
103
睡蓮沼Ⓑ | 猿倉温泉
▲赤倉岳 | Ⓐ 蔦の七沼
櫛ヶ峯 | 奥入瀬渓流 | START & GOAL
▲乗鞍岳
N | 八甲田・十和田 ゴールドライン | 1 | 焼山
3km | 102 十和田湖畔(子ノ口)へ

📖 高さ10mになるところもある雪の回廊は、4月1日から。雪は5月上旬を過ぎても残っていることも。

絶景を望むパノラマビュー！
八甲田ロープウェー

18の成層火山や溶岩円頂丘で構成された八甲田山。
ロープウェーの窓や山頂から、心が洗われるような眺望を楽しみましょう。

はっこうだろーぷうぇー
八甲田ロープウェー

八甲田の大自然を
空の散歩でゆったり満喫

田茂萢岳（たもやちだけ）の山麓から山頂公園までの、標高差約650m、距離2.5kmを10分で結ぶ。ゴンドラの大きな窓の外には、季節ごとに様々な表情をみせる八甲田の雄大な自然が広がっている。天候が良ければ、陸奥湾や津軽・下北半島、岩木山などを見渡すことができる。

☎017-738-0343（八甲田ロープウェー）住青森市荒川寒水沢1-12 ¥往復2000円 ⏰9時～16時20分（11月中旬～2月は～15時40分）休強風時、11月中旬の6日間 🚃JR青森駅から車で45分 Ｐ350台 MAP付録P5A1・B1

ロープウェーや山頂からの景色を見るためだけでも立ち寄りたい

🍁 四季折々の絶景 ❄️

紅葉 **10月上～下旬**

ブナやカエデなど紅葉した木々と、針葉樹の緑色が美しいコントラストに。自然が生み出す色彩美を楽しもう。

樹氷 **12月下旬～2月下旬**

スノーモンスターともよばれる巨大な雪の塊が並ぶ様子は迫力満点。ゴンドラと並ぶほど高さのある樹氷も見られる。

📎 山頂でのお楽しみ

さんちょうこうえん
ちょうほうううどでっき
山頂公園眺望
ウッドデッキ

山頂公園駅に隣接する展望台にあるウッドデッキ。八甲田の赤倉岳などのほか、その裾野に広がる上毛・下毛無岱までを一望できる。☎017-738-0343（八甲田ロープウェー）住青森市荒川寒水沢、山頂公園駅 ¥⏰休見学自由（冬期は積雪状況により閉鎖の場合あり）🚃JR青森駅から車で45分、八甲田ロープウェー山麓駅から10分、山頂公園駅下車 MAP付録P5B1

▲自然と共存したデザインのウッドデッキ

はっこうだ
ごーどらいん
八甲田
ゴードライン

山頂公園駅を基点に、ひょうたん（ゴード）の形に整備された遊歩道。約30分のショートコースと約1時間のロングコースがある。☎017-738-0343（八甲田ロープウェー）住青森市荒川寒水沢1-12 ¥⏰休散策自由 🚃JR青森駅から車で45分、八甲田ロープウェー山麓駅から10分、山頂公園駅下車 MAP付録P5B1

▲スニーカーでも気軽に散策することができる

藩政・明治時代へタイムスリップできる弘前へ
津軽らしさあふれる街を散策しましょう

城下町として発展し、近代には洋館も多く建てられた弘前。クラシカルな建築や、ハイセンスな雑貨、グルメなど和洋の多彩な魅力が街いっぱいにあふれています。江戸情緒を残す黒石にも足をのばしてみましょう。

これしよう！
贅沢フレンチで
弘前の恵みを堪能

フレンチの名店が集まる弘
前で、地元食材を生かし
た逸品を（☞P50）。

これしよう！
赤レンガ倉庫を
リノベした美術館へ

カフェやミュージアムショ
ップも注目の弘前れんが
倉庫美術館（☞P46）。

これしよう！
弘前を代表する
洋館をめぐろう

明治から大正時代に建てら
れた図書館や銀行、教会な
どを見て回ろう（☞P48）。

和と洋が融合したハイカラタウン

弘前
ひろさき

こぎん刺しなどぬ
くもりあふれる工
芸品は弘前みや
げに人気

ブレイクタイムにはアップル
パイがおすすめ！

こんなところ

弘前城や武家屋敷など江戸時代の面影を残す
貴重な建築物もあれば、明治から大正時代に
建てられた洋館や教会もある弘前タウン。リ
ンゴの街、フレンチの街としても知られ、趣
向を凝らしたアップルパイやリンゴスイー
ツ、津軽の食材をふんだんに盛り込んだフラ
ンス料理など食の楽しみもいっぱい。

access

【鉄道】
新青森駅からJR奥羽本線 特急・快
速32分/普通41分で弘前駅
【車】
東北自動車道大鰐弘前ICから国道7
号、県道260号 約10kmで弘前市街

問合せ
☎0172-37-5501
弘前市立観光館
☎0172-35-3131
弘前観光コンベンション協会
MAP P122・123、付録P6・7

～弘前 はやわかりMAP～

弘前市 鍛冶町（かじまち）
500店以上の飲食店が集まるエリア。郷土料理や地酒などを味わえる居酒屋も。

弘前公園周辺（しろそきこうえんしゅうへん）
弘前さくらまつり（☞P44）の会場にもなっている弘前公園周辺には洋館やカフェ、観光施設が充実。

土手町（どてまち）
弘前の中心繁華街。デパートや雑貨店、飲食店などが集まり、食事や買物を楽しめる。

弘前公園
（☞P44） **1**

3 レストラン山崎
（☞P51）

5 green
（☞P58）

旧弘前市立図書館
（☞P48） **2**

居酒屋 津軽衆
（☞P56） **6**

4 弘前れんが倉庫美術館
（☞P46）

観光のヒント
周辺の温泉地や観光地と組み合わせて1泊2日に
弘前市街の主な名所めぐりは1日あればOK。宿泊は市街のほか、大鰐や青荷など周辺の温泉地もおすすめ。2日目は黒石や青森タウンなどへ足をのばそう。

おすすめコース
ぐるっと回って
6時間
弘前城や旧弘前市立図書館などのみどころは弘前公園周辺に集まっているので弘前駅からバスで向かおう。散策しながら、フレンチレストランやカフェなどにも立ち寄って。

スタート
弘前駅 ► **1** 弘前公園（みる） バスで16分 ► **2** 旧弘前市立図書館（みる） 徒歩5分 ► **3** レストラン山崎（たべる） 徒歩7分 ► **4** 弘前れんが倉庫美術館（みる） 徒歩8分 ► **5** green（かう） 徒歩7分 ► **6** 居酒屋 津軽衆（ナイト） 徒歩10分 ► 弘前駅 徒歩3分 ゴール

城と桜と岩木山の共演！
園内を華やかに彩る弘前さくらまつり

多くの観光客や市民が訪れる日本屈指の桜の名所・弘前公園。
観賞ポイントを押さえて、約2600本の桜が咲き誇る園内を散策しましょう。

🌸 弘前さくらまつり 🌸
（ひろさきさくらまつり）

4月下旬〜5月上旬に弘前公園で開催。弘前城と満開の桜、残雪の岩木山の共演は必見。園内には52種類の桜が植えられており、本丸や外濠などみどころも多い。
弘前さくらまつりの問合せは
☎0172-37-5501（弘前市立観光館）

➕ 弘前公園ってこんなところ
（ひろさきこうえん）

天守が当時のまま残る津軽氏の居城跡

藩政時代に弘前藩主であった津軽氏の居城、弘前城がもととなる公園。現在は石垣修理工事中だが、自由に散策できる。

☎0172-33-8739（弘前市公園緑地課）🏠弘前市下白銀町1 🕐🈷🈹散策自由（本丸・北の郭は有料区域）💴320円、4月1日〜11月23日は9〜17時、4月23日〜5月5日は7〜21時予定）🚌バス停市役所前／バス停市役所前公園入口からすぐ（追手門）🅿なし（近隣駐車場利用）🗺MAP付録P7B2

1 多くの桜が咲く本丸周辺。桜が彩る弘前城天守越しに岩木山が見える 2 園内を散策しながら、ハート形に見える桜を探そう 3 ライトアップも行われる

🌸 みどころ① 本丸
（ほんまる）

ベストショットはここから！
天守からも桜を観賞しよう

慶長16年（1611）に築かれた弘前城は、東北唯一の現存天守。築城当時は5層の天守を備えていたが、寛永4年（1627）に落雷で焼失。今も残る3層の天守は、文化7年（1810）に再建された。現在は石垣修理工事のため天守が移動されており、天守内の小窓からも桜を眺めることができる。

桜以外の
四季の美景も
チェック！

11月上旬には紅葉と菊花を楽しめる
「弘前城菊と紅葉まつり」、2月上〜中
旬には約150基の雪燈籠が並ぶ「弘
前城雪燈籠まつり」（写真）を開催。弘
前城植物園では、夏になると花菖蒲
や蓮、萩が見頃を迎える。

弘前 ● 弘前さくらまつり

みどころ② 外濠（そとぼり）

濠を埋め尽くすピンクの花びら

ソメイヨシノの満開が過ぎたころ、外濠などで「花筏」を見
ることができる。濠一面を埋め尽くす桜の花びらが、春風
に押し流される様子は幻想的。追手門から東門前にかけて
の外濠がおすすめの撮影ポイント。

▲花筏は桜のじゅうたんともよばれ、撮影ポイントとしても人気

みどころ③ 西濠（にしぼり）

ボートに乗って水上花見

弘前公園の西側に位置する濠で、まつり期間中はボートに
乗って桜観賞ができる。夜桜も必見だ。
¥乗船1時間1000円（予定）🕐さくらまつり期間の9〜17時（終了時間は
変更あり）🈺期間中無休

1 2 園内の濠で最も広い。桜が散る時期の花びらが浮かぶ光景もおすすめ

+ +

まだある！お花見スポット

① 中濠観光舟
（なかぼりかんこうせん）
船頭が漕ぐ和船で中濠を進
む。東内門東の石橋付近の
桟橋から出発して、往復およ
そ20分の観光が楽しめる。
¥1000円🕐さくらまつり期間
の9〜17時🈺期間中無休

② 弘前市役所屋上開放
（ひろさきしやくしょおくじょうかいほう）
弘前市役所前川本館から
一望できる。
¥入場無料🕐さくらまつり期
間中の9〜17時（最終入場16
時30分）🈺期間中（まつり
中止の場合は開放なし）

③ 桜のトンネル
（さくらのとんねる）
西濠沿いにある約360mの
桜並木で、地元の人にも人
気。桜の枝が低い位置に伸
びているため、美しい花を
間近に見られる。桜が頭上
を覆い尽くす様子は圧巻。

亀の甲門前
北門（亀甲門）
護国神社口　四の丸　お化け屋敷
一陽橋口　出店　などもある
レクリエーション
広場
軽食・スイーツを　緑の相談所　世界一太い
味わえる　ソメイヨシノ
春陽橋口　武徳殿　中央高校口
春陽橋　休憩所　丑寅櫓
西濠の桜並木　北の郭　三の丸　弘前雪明かり
（桜のトンネル）　本丸　ピクニック広場
市民　八重　日本最古級のソメイヨシノ
体育館口　西濠　紅枝垂れ　展望
西の郭　弘前城天守　デッキ　東門
ボート乗り場　御滝桜下乗橋　東内門　文化センター前
推定樹齢
工業高校口　300年の
シダレザクラ　弘前藩士が
① 中濠観光舟乗り場　京都から持ち帰り
未申櫓　二の丸　植えたといわれる
③ 桜のトンネル　南内門　辰巳櫓
博物館　出店　さくらの園　外濠
② 弘前市役所　市民会館　市役所前　弘前城植物園
屋上開放　公園入口　追手門
追手門口
藤田記念庭園　弘前市立
★＝花筏　観光館
おすすめスポット　市役所前

📖 弘前さくらまつり、イベントの実施有無については主催元に要確認。

重厚感あるリノベモダン建築！
弘前れんが倉庫美術館へ

築約100年の赤レンガ倉庫をリノベーションした弘前れんが倉庫美術館。
弘前の新ランドマークで楽しめる美術作品のほか、カフェやグッズを紹介します。

▲パリを拠点に活動する建築家・田根剛氏が設計を担当するのは国内初　　　©Naoya Hatakeyama

ひろさきれんがそうこびじゅつかん
弘前れんが倉庫美術館

現代アートを楽しめる新スポット
隣接の棟にはシードル工房も

2020年にオープンした美術館。明治～大正末期に日本酒醸造所、戦後はリンゴの発泡酒「シードル」の工場、米の備蓄庫などに使われた赤レンガ倉庫が、現代美術館として整備された。展示を行うミュージアム棟と、シードル工房があるカフェ・ショップ棟の2棟からなり、アートと食事、買物を楽しめる。ミュージアム棟では主に現代美術の企画展を開催。弘前出身の現代美術家・奈良美智による真っ白な犬の彫刻作品が出迎える。

☎0172-32-8950 ㊟弘前市吉野町2-1 ¥展覧会により異なる🕘9～17時 ㊡火曜（祝日の場合は翌日）🚌バス停蓬莱橋から徒歩4分 🅿なし MAP付録P6D3

▶「弘前積みレンガ工法」が用いられたアーチ状エントランス
▼天候や時間帯で表情を変える「シードル・ゴールド」の屋根

©Naoya Hatakeyama

もっと深く学べる 建築ガイドツアー

館内をめぐりながら、建物の歴史やみどころ、特徴などを美術館スタッフが解説してくれる。
¥ 参加無料 **◷** 毎月第3土曜の11時〜11時40分 ※当日1階受付カウンター前に集合。定員10名で先着順

©Yoshitomo Nara

撮影：小山田邦哉

1 奈良美智の2007年の作品『A to Z Memorial Dog』が美術館入口に立つ **2** ジャン=ミシェル・オトニエル《エデンの結び目》2020年（撮影：ToLoLo studio）。弘前のリンゴをイメージした赤いビーズが連なる **3** 海外の美術館や展覧会の出品作家の資料を取り揃えたライブラリー **4** 天井が高く開放的なロビー **5** シードル工房を併設

- - - ◆ **レストラン＆おみやげもチェック** ◆ - - -

かふぇ あんど れすとらん ぶりっく
CAFE & RESTAURANT BRICK

重厚感と温かみのあるおしゃれでモダンな雰囲気の店内で、青森県産食材を使った多国籍料理を味わえる。ランチ、カフェ、ディナーなどさまざまなシーンで利用可能。ガラス越しにシードル工房を見ることができる。
☎0172-40-2775 **◷**9〜22時 **休**美術館に準ずる

▲日替わりワンプレート1500円。季節の地元食材をメインに多彩な料理を楽しめる。内容は日替わり

みゅーじあむ しょっぷ ひろさき もか
museum shop HIROSAKI MOCA

カフェに併設するミュージアムショップ。美術館のオリジナルアイテムをはじめ、各企画展にあわせた特製グッズ、棟内の「A-FACTORY弘前吉野町シードル工房」で醸造したシードルなどを販売している。
☎0172-40-2775 **◷**9〜22時 **休**美術館に準ずる

▲オリジナルマスキングテープ 各480円。美術館の「シードル・ゴールド」の屋根とロゴマークがモチーフ

📖 ミュージアム棟では年2回の企画展を中心に、弘前ならではの現代アートが楽しめます。

弘前

クラシカルな雰囲気にうっとり
弘前タウンで洋風建築めぐり

明治から大正期にかけて建てられた図書館や銀行などの洋館が多く残る弘前市。
個性豊かな外観や趣向を凝らした内装に注目しながら街歩きを楽しみましょう。

CHECK! 弘前に洋館が多いのはナゼ？

明治初期から外国人教師を招いて英語教育に
力を入れていたことや、キリスト教伝道の先進地
であったことから、多くの洋館や教会が建てられ
た。それらの多くは、独学で洋風建築を修めた堀
江佐吉（ほりえさきち）が手がけたものである。

室内を明るくするために窓を多く設け、多方向から採光するよう工夫している

きゅうひろさきしりつとしょかん
旧弘前市立図書館

弘前を代表する赤いドーム屋根の洋館

明治39年（1906）築の洋館で、日露戦争に
よる利益還元を目的に建てられた。左右両
端に八角形の塔をもつルネサンス様式の外
観だが、外壁を漆喰で塗るなど日本の伝統
技法も取り入れている。

☎0172-82-1642（弘前市教育
委員会文化財課）🏠弘前市下白
銀町2-1 💴入館無料 🕘9～17
時 🈳無休 🚌バス停市役所前か
らすぐ 🅿弘前市立観光館地下駐
車場利用88台（1時間無料、以降
30分100円）**MAP**付録P7C3

▶昭和6年（1931）まで市立図書館とし
て使われた。写真は1階の婦人閲覧室

▼旧弘前市立図書館同様、窓を多く設けた建築物

きゅうとうおうぎじゅく がいじんきょうしかん
旧東奥義塾 外人教師館

まるで絵本の世界 メルヘンな装飾

県内初の私学校として創立された
「東奥義塾」に、英語教師として招
かれた外国人の住居として使われ
ていた。明治33年（1900）築で、
延べ面積280㎡の建物。昔の家具
が置かれた寝室などを見学できる。

▲昔の家具が配された
寝室などを見学できる

☎0172-37-5501（弘前市立観光
館）🏠弘前市
下白銀町2-1 💴入館無料 🕘9～18時 🈳無休 🚌
バス停市役所前／バス停市役所前公園入口から徒歩3分 🅿弘前市立観光
館地下駐車場利用88台（1時間無料、以降30分100円）**MAP**付録P7C3

▼昭和47年（1972）に国の
重要文化財に指定された

きゅうだいごじゅうく ぎんこうほんてんほんかん （あおもりぎんこうきねんかん）
旧第五十九 銀行本店本館 （青森銀行記念館）

重厚感と華麗さが 共存する銀行建築

第五十九銀行の本店として、明治37年（1904）に建て
られた。ルネサンス風の外観だが、構造は堅固な土蔵造
りにするなど和洋折衷の趣。大会議場の天井一面に張
られた金唐革紙など、華やかな内装を見られる。

☎0172-36-6350 🏠弘前市元長町26 💴入館200円 🕘9時30
分～16時30分（弘前さくらまつり、弘前ねぷたまつり、弘前城雪燈籠ま
つり期間中は～18時）🈳火曜 🚌バス停市役所前から徒歩3分 🅿な
し **MAP**付録P7C3

48

ひと足のばして
弘前学院
外人宣教師館へ

明治39年（1906）、米国婦人宣教師の宿舎として建てられた洋館で、赤いとんがり屋根と木製の白壁が印象的。弘前学院大学内にある。国指定重要文化財。
☎0172-36-5224（弘前学院法人本部）
MAP P123D3

ふじたきねんていえんようかん
藤田記念庭園洋館

八角塔が目を引く
大正ロマンの洋館

弘前出身の実業家・藤田謙一の別邸として建てられた洋館で、藤田記念庭園内にある。一部のステンドグラスは当時の姿のまま。大正10年（1921）築で、堀江佐吉の長男らが手掛けた。
☎0172-37-5525 住弘前市上白銀町8-1 ¥藤田記念庭園入園320円（11月24日～4月上旬は洋館と匠館、庭園高台部のみ見学可、無料）⏰9～17時（さくらまつり期間中は～21時）休無休 🚌バス停市役所前から徒歩3分 🅿60台 MAP 付録P7B3

▲洋館の大広間とサンルームを利用した大正浪漫喫茶室（☞P53）

建物や庭園に関する貴重な資料が展示されている

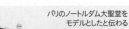

パリのノートルダム大聖堂をモデルとしたと伝わる

かとりっくひろさききょうかい
カトリック弘前教会

尖塔のあるロマネスク様式の教会

明治43年（1910）建築の木造モルタルの教会。畳敷きの信徒席、オランダから譲り受けた日本でも数少ない祭壇一式が目を引く。弘前市の風景や聖書を題材にしたステンドグラスも必見。
☎0172-33-0175 住弘前市百石町小路20 ¥入場無料 ⏰8～18時 休無休（日曜ミサ、礼拝時は入場不可）🚌バス停文化センター前から徒歩10分 🅿8台 MAP 付録P7C2

▲昭和59年（1984）にカナダのカーロン神父が製作したステンドグラス

にほんきりすときょうだん ひろさききょうかい
日本基督教団 弘前教会

明治期としては珍しい
木造洋風礼拝堂

▶礼拝堂は今も毎週日曜の礼拝で使われている

明治8年（1875）創立の東北6県で最初のプロテスタント教会。青森ヒバを使って建てられた現礼拝堂は明治39年（1906）完成の3代目礼拝堂。礼拝堂内には畳敷きの観覧室があり、和の趣も感じられる。
☎0172-32-3971 住弘前市元寺町48 ¥入館無料 ⏰9～16時（月曜、水・日曜の午前、職員不在時、冠婚葬祭時は入場不可）🚌バス停ホテルニューキャッスル前からすぐ 🅿10台 MAP 付録P7C2

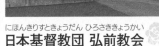

堂内には高さ約8mにもおよぶ祭壇がある

📖 旧東奥義塾外人教師館の南側には、明治から大正期の建造物を実物の1/10サイズで再現した「ミニチュア建造物」があります。

リンゴなど津軽の食材がたっぷり！
弘前フレンチの贅沢ランチ

フレンチの名店が集まる弘前には、地元食材を楽しめるレストランが点在。
リンゴを使った料理など、弘前でしか味わえない一皿を堪能しましょう。

りんごランチコース 3850円
弘前産リンゴをふんだんに使用。青森県産牛とリンゴの組合せなど工夫に満ちた料理が登場。写真は一例。

明るく広々とした店内。アットホームな雰囲気

弘前駅周辺
ぷらんすしょくどう しぇ・もあ
フランス食堂 シェ・モア
地元食材への愛に満ちた
地産地消フレンチ

シェフ自ら市場に足を運び厳選した青森食材や地場野菜を使用するフレンチの人気店。「りんごランチコース」はスープ、魚・肉料理、デザートのいずれにも弘前産リンゴを使用。シェフの地元愛が伝わるコース料理を楽しめる。

地場食材を惜しみなく使った季節感のある料理をぜひ！
オーナーシェフ
藤田カニさん

☎0172-55-5345 ☷弘前市外崎1-3-12 ◐11～14時LO、17時～20時30分LO ㊡月曜(祝日の場合は営業) ㊭JR弘前駅から徒歩7分 ℗10台 MAP付録P6F3
◆予算目安
昼1人1980円～

ランチコース 3080円
オードブル、スープ、メイン、パン、デザート、コーヒーまたは紅茶が付く。
※2名以上、2日前まで要予約

ホテルならではのホスピタリティが評判

土手町周辺
ぶらっすりー・る・きゃっする
ブラッスリー・ル・キャッスル
ホテルのおもてなしと
極上フレンチを楽しめる

本格洋食を気軽に味わえる。本日の肉料理または魚料理とサイドメニューが盛られたワンプレートランチ1430円などのカジュアルなメニューのほか、贅沢な気分に浸れる予約制のランチコースがある。

海や山も近く健康な土地で育つ青森食材は新鮮で安心・安全です
ブラッスリー料理長
林聡子さん

☎0172-36-1211 ☷弘前市上鞘師町24-1 ホテルニューキャッスル1階 ◐11時～17時30分LO(ランチは～14時) ㊡無休 ㊭バス停ホテルニューキャッスル前からすぐ ℗77台 MAP付録P7C2
◆予算目安
昼1人1500円～

カジュアルに楽しめる「弘前ガレット」もおすすめ！

そば粉のクレープ「ガレット」が弘前の新名物として人気急上昇中。ワインバー「ポワン・ルージュ」ではハムと玉子のチーズクレープ1026円などを販売。シードルとも好相性！
☎0172-35-3564 MAP付録P7C3

弘前フレンチお好みコース 3850円
オードブル、スープ、メイン、デザートを数種からセレクト。りんごの冷製スープは追加550円。

ランチAコース 2200円
津軽にしかない希少なリンゴ「栄黄雅（えいこうが）」を使用した冷製スープなどを味わえる。内容は週替わり。

ランチAコース 1700円
オードブル、スープ、メインを選択。リンゴの冷たいクリームスープも評判。追加料金が発生する場合あり。

土手町周辺
れすとらんやまざき
レストラン山崎

「奇跡のりんご」を味わえる
自然派フレンチレストラン

無農薬・無肥料での栽培に成功した木村秋則氏の「奇跡のりんご」をはじめ、自然飼育で育てられた豚肉などを使った料理が評判。予約がベター。

☎0172-38-5515 住弘前市親方町41 時11時30分〜14時LO、17時30分〜20時30分LO 休月曜 交バス停本町から徒歩3分 P10台 MAP付録P7C3

◆予算目安
昼1人2200円〜

赤の椅子が映える
華やかな店内

弘前駅周辺
ふらんすりょうり しぇ・あんじゅ
フランス料理 シェ・アンジュ

厳選素材を生かした
本格フレンチを満喫！

青森県産の牛肉や豚肉、魚介、野菜、リンゴなど、四季折々の地元食材を惜しみなく使用したフランス料理をコースで満喫できる。

☎0172-28-1307 住弘前市外崎2-7-1 時11時30分〜14時、17〜21時（ディナータイムは前日まで要予約）休日曜 交JR弘前駅から徒歩11分 P10台 MAP付録P6F3

◆予算目安
昼1人2200円〜

前庭に面した
メインホール。
外観は南欧風

弘前公園周辺
れすとらん ぽるとぶらん
レストラン ポルトブラン

フランスで修業をした
店主が腕をふるう

青森県産ガーリックポークや津軽鶏など地元食材を中心に使い、素材のうま味を凝縮したソースで仕上げる。事前予約がおすすめ。

☎0172-33-5087 住弘前市本町44-1 時11時30分〜14時LO、17時〜20時30分LO 休日曜 交バス停大学病院前からすぐ P5台 MAP付録P7C3

◆予算目安
昼1人1700円〜

白を基調にした
店内。弘前公園
の近くにある

大正浪漫喫茶室（☞P53）や弘前市りんご公園 りんごの家（☞P63）などでも弘前ガレットを味わえます。

ノスタルジックな空間がステキ！
レトロカフェでひとやすみ

弘前では古きよきムード漂う老舗の喫茶店や文化財を活用したカフェも要チェック。
時間がゆっくり流れる店内で、コーヒーやスイーツとともにくつろぎのひとときを。

明治時代に建てられた
弘前最古の洋風建築

**かぼちゃとクリームチーズの
マフィン 350円**
マフィンは季節の果物や野菜など日替わり。自家製ジンジャーエール500円。

ことりかふぇ
コトリcafe

明治16年（1883）に建てられ、現存する洋風建築では弘前最古といわれる「百石町展示館」内にある。手作りの日替わりスイーツや軽食類もあり、街歩きの立ち寄りにぴったり。

☎0172-88-8504 住弘前市百石町3-2 ◯
11～19時 休月曜（祝日の場合は翌日）交
バス停下土手町①から徒歩2分 P要問合せ
MAP付録P7C3

格子状に組まれた柱や天井の梁は明治時代のもの

中心街を見下ろしながら
パフェを味わおう

**ヨーグルトパフェ（左）
800円**
フルーツで飾り付けた王道スタイル。パフェは数種類から選べる。

れんがてい
煉瓦亭

土手町を行く人々を見守ってきた老舗喫茶店。アメリカン・オールディーズを聴きながらゆったりとした時間が過ごせる。自家製ホワイトソースのドリアや日替わりランチも人気。

☎0172-35-9890 住弘前市土手町24 ◯
11～18時 休無休 交バス停下土手町①から
徒歩1分 Pなし MAP付録P7C3

テーブルは昭和49年（1974）の創業当時からのもの

クラシックが流れる
純喫茶の名物ミートパイ

**ミートパイセット
980円**
ミートパイ2個とサラダ、ドリンク付き。パイの中にはひき肉と玉ネギがたっぷり。

めいきょくあんどこーひーひまわり
名曲&珈琲ひまわり

昭和34年（1959）創業のカフェ。名物のミートパイ400円のほか、トウフチーズケーキ400円やエクレア400円などのスイーツもおすすめ。いずれもテイクアウトは393円。

☎0172-35-4051 住弘前市坂本町2 ◯11
～18時 休木曜（祝日の場合は営業）交バス停
中土手町から徒歩2分 Pなし MAP付録P6
D3

絵画やアンティークのインテリアが並ぶ

多くの文化人が訪れた
土手の珈琲屋 万茶ン

昭和4年(1929)創業。昭和初期には太宰治、近年では井上ひさしら数多くの文化人が訪れているという「土手の珈琲屋 万茶ン」。名物は太宰が飲んだという「太宰ブレンド」500円。
☎0172-55-6888 **MAP** 付録P7C3

ヨーロッパ風の住居が
クラシカルなカフェに

アップルパイ
495円
津軽にしかない希少なリンゴ「栄黄雅(えいこうが)」を使用している。

さろん・ど・かふぇ・あんじゅ
サロン・ド・カフェ・アンジュ

旧東奥義塾外人教師館(☞P48)内にあり、江戸時代のコーヒーを再現した「津軽藩再現コーヒー」などを提供。
☎0172-35-7430 住弘前市下白銀町2-1旧東奥義塾外人教師館内 ◷9時30分～18時(冬期は変動あり) 休無休 交バス停市役所前／バス停市役所前公園入口から徒歩3分 P弘前市立観光館地下駐車場利用88台(1時間無料、以降30分100円) **MAP** 付録P7C3

照明などの装飾にも注目

庭園を眺めて過ごす
優雅な時間

りんごとバニラアイスのガレット
660円
ガレットには西目屋村産の香り高いそば粉を使用。シードル各種550円～。

たいしょうろまんきっさしつ
大正浪漫喫茶室

藤田記念庭園洋館(☞P49)内にある大正モダンな喫茶室。タイル床やミントグリーンの窓枠がレトロな窓際の席はかつてサンルームだった場所を利用しており、眺望も楽しめる。
☎0172-37-5690 住弘前市上白銀町8-1藤田記念庭園洋館内 ◷9時30分～16時LO 休無休 交バス停市役所前から徒歩3分 P60台 **MAP** 付録P7B3

タイル風の床など、どこか懐かしさを感じる店内

100年の歴史をもつ洋館が
和モダンなカフェに

チョコレートチャンク スコーン
290円
風味豊かなスコーン。スターバックス ラテ(トール)455円とともに。※イートイン価格

すたーばっくす こーひー ひろさきこうえんまえてん
スターバックス コーヒー 弘前公園前店

大正時代に建てられた「旧第八師団長官舎」をリノベーション。ブナコの照明やホタテの貝殻にコーヒー豆を入れた白漆喰、こぎん刺しの椅子など地元らしさが随所に。
☎0172-39-4051 住弘前市上白銀町1-1 ◷7～21時 休不定休 交バス停市役所前からすぐ P弘前市立観光館地下駐車場利用88台(1時間無料、以降30分100円) **MAP** 付録P7B3

戦後は市長公舎として利用された

📖 スターバックス コーヒー 弘前公園前店には昔の弘前の写真が飾られ、歴史を感じながらコーヒーを味わえます。

甘党さんにおすすめです！
リンゴスイーツをおみやげに

リンゴの街・弘前では、リンゴを使ったスイーツはマストバイ。定番のアップルパイや素朴な味わいの和菓子など、リンゴのおいしさを引き出した逸品が揃います。

気になるリンゴ
1箱972円
シロップ漬けした「ふじ」が丸ごと入ったアップルパイ

パティシエのりんごスティック
1本200円
オーブンで軽く温めてから食べるのがおすすめ

土手町周辺
らぐのおひろさきひゃっこくまちほんてん
ラグノオ弘前百石町本店

リンゴアイテムを探すならこちら

青森県産リンゴを使った菓子を製造・販売する「ラグノオ」の本店。リンゴの風味がギュッとつまった小さなアップルパイ「旅さち」や、リンゴ入り白あんをパイで包んだ「りんご小町」など、リンゴをモチーフにしたスイーツがずらりと並ぶ。

☎0172-33-2122 住弘前市百石町9 営8～19時 休火曜
交バス停下土手町①から徒歩3分 P4台 MAP付録P7C3

旅さち
10個入り1280円
リンゴを半分にカットした形を表現

新寺町
しかないせんべいほんてん
しかないせんべい本店

県産食材を積極的に使う老舗

大正15年（1926）創業の老舗菓子店。県産小麦やリンゴなど地元の食材を使った、弘前らしいせんべいや焼き菓子などを販売する。初夏限定で「りんごのわらび餅」も登場。弘前駅ビルの「アプリーズ」に支店がある。

☎0172-32-6876 住弘前市新寺町32
営9～19時 休無休 交弘前バスターミナルから弘南バス桜ケ丘案内所行きで10分、弘前高校前下車徒歩2分 P7台 MAP付録P7C4

こあき
5袋入り600円
薄くスライスした津軽産リンゴを果肉入りの生地にのせて焼いた一品

らぷる
1個108円
リンゴの果肉入り。シャリッとした食感が楽しい

弘前市立観光館でリンゴみやげを

観光情報を提供する弘前市立観光館内の「想い出ショップさくらはうす」（☞P63）には、「タムラファーム」のアップルパイ423円（写真）など、リンゴのスイーツや加工品が揃う。☎0172-33-6963
MAP付録P7C3

りんごの想い
1箱1080円
紅玉の風味と食感がチョコレートケーキのアクセントに

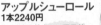

アップルシューロール
1本2240円
※4〜5日前までに要予約
紅玉とヨーグルト風味のクリームをスフレ生地で巻いたケーキ

土手町周辺
ようがしこうぼうのえる
洋菓子工房ノエル
青森ならではのスイーツを生み出す

創業から約30年、地元の人々に愛され続ける洋菓子店。角切り生リンゴをぎっしり入れてジューシーに焼きあげたりんごたっぷりパイ1カット370円など、リンゴを使ったスイーツが特に評判。

☎0172-35-7699 🏠弘前市品川町2-2 🕘9時〜18時30分 休火曜 🚌バス停青銀土手町支店から徒歩2分 🅿なし **MAP**付録P6D3

土手町周辺
ぱていすりー うぇるじぇ
パティスリー ヴェルジェ
洗練されたスイーツが並ぶ

彩り豊かなケーキやふわふわ食感の焼きドーナツが評判の洋菓子店。看板商品は、あめ色になるまでソテーした津軽産のふじを自家製パイ生地で包んで焼いた窯出しアップルパイ299円。売り切れになることも多い一品。

☎0172-32-1949 🏠弘前市百石町18 🕘10時〜19時30分 休月曜（祝日の場合は翌日） 🚌バス停ニューキャッスル前からすぐ 🅿7台 **MAP**付録P7C3

薄雪
18枚入り1260円
リンゴ果汁をようかん状に固めた菓子。レトロなパッケージもポイント

我が家のりんご
1個190円
カルバドスとバターでソテーした県産リンゴ入りのタルト

津軽りんごマドレー
1個175円
シャキシャキの県産リンゴを混ぜ込み、ふんわりと焼き上げたマドレーヌ

弘前駅周辺
かんえいどう
甘栄堂
老舗が手掛ける素朴なリンゴ菓子

明治15年(1882)の創業以来、津軽地方の伝統菓子を作り続けている老舗。弘前銘菓の薄雪のほか、砂糖漬けにしたリンゴを乾燥させた銀りんご（中）1260円など、昔ながらのリンゴ菓子が揃う。

☎0172-32-1011 🏠弘前市代官町41 🕘9時〜18時30分 休無休 🚌JR弘前駅から徒歩7分 🅿3台 **MAP**付録P6D3

 弘前市内約40店以上のアップルパイ情報が載る「弘前アップルパイガイドマップ」は観光案内所などで配布中。

津軽は日本酒もハイレベル！
郷土料理を地酒とともに

一口頬張れば、身も心もホッと温まる津軽の郷土料理。
海や山の幸を盛り込んだ各店おすすめの一品を地酒とともに味わいましょう。

▼ この地酒とともに
豊盃 特別純米酒
1.2合 700円

吟醸香のようなフルーティな立ち香で飲みやすい。

▼ この地酒とともに
豊盃 純米しぼりたて生原酒
グラス 700円

フレッシュかつフルーティ。米のうま味とキレのある後味を楽しめる。

▼ この地酒とともに
特別純米酒 たか丸くん
カップ180ml 各380円

弘前・六花酒造の淡麗辛口酒。じょっぱりブランドなどで知られる。

旬の海鮮を堪能できる街で愛される憩いの場

津軽そばもやし350円。そばの実を発芽させた津軽の伝統野菜「そばもやし」をサラダ感覚で堪能

弘前の美味と風情に酔いしよう

いがめんち660円は、包丁で叩いてうま味を引き出したイカをじっくり焼き上げる家庭の味

100年以上続く老舗の津軽そばを味わえる

津軽そば630円。麺はやわらかく、江戸前の日本そばとは食感が異なる

弘前駅周辺
いざかや つがるしゅう
居酒屋 津軽衆

昭和56年（1981）創業の「ろばた焼き 津軽衆」を受け継ぎ、2021年8月にリニューアルオープン。貝焼き味噌100円など、手頃な価格も魅力。

☎0172-35-6256 住弘前市大町1-6-2 営17時〜22時30分LO 休日曜、第2・4木曜 交JR弘前駅から徒歩3分 Pなし MAP付録P6E4

くつろげる座敷とコの字型のカウンター席がある

弘前駅周辺
いざかや どもん
居酒屋 土紋

繁華街から少し離れた場所にありながら、地元の人や観光客で賑わう人気店。日本酒は弘前の蔵元「三浦酒造」のもののみ。津軽の人々に愛されてきた料理とともに味わおう。

☎0172-36-3059 住弘前市代官町99 営17時30分〜21時30分LO 休日曜、祝日 交JR弘前駅から徒歩13分 P3台 MAP付録P6D3

カウンターは女将との会話も弾む特等席

弘前駅周辺
さんちゅうしょくどうほんてん
三忠食堂本店

そば粉と大豆を混ぜたものに、あらかじめ作ってあったそばがきを入れて練る「津軽そば」。昔ながらの製法で麺を作り、ツユには昆布と平舘産の焼き干しを使用している。

☎0172-32-0831 住弘前市和徳町164 営11時〜19時30分 休火曜 交JR弘前駅から徒歩12分 P6台 MAP付録P6E2

小説・映画「津軽百年食堂」の舞台にもなった店

津軽三味線の生演奏と
郷土料理を楽しめる
居酒屋へ

「津軽三味線ライヴハウス杏」では津軽三味線の生演奏を聞きながら食事を楽しめる。演奏は1回目19時15分前後〜、2回目は完全予約制。演奏料金1500円（チャージ込み）。
☎0172-32-6684 MAP付録P7C3

▼ この地酒とともに
弥三郎純米酒
720ml 2600円
黒石市の老舗蔵元「中村亀吉」による弥三郎オリジナル。

▼ この地酒とともに
田酒 特別純米酒
1合 770円
心地よい甘みと香りで、飲み飽きしない味わい。

▼ この地酒とともに
豊盃 純米吟醸豊盃米
1合 790円
繊細な甘みとエレガントな香りで、食中酒にぴったり。

風情あふれる空間で弘前ならではの酒肴を味わう

貝焼きみそ850円。ホタテにだし汁と長ネギなどを入れ、味噌で味付けして卵でとじた郷土料理

旬の魚と郷土料理が人気の居酒屋で乾杯

嶽きみの天ぷら638円。岩木山名産のトウモロコシ「嶽きみ」の甘みとジューシーさを楽しめる

津軽の食材を使った昔ながらの郷土料理に舌鼓

けの汁は野菜や山菜をさいの目に刻み、だしで煮込んだ郷土料理。けの汁定食1280円

土手町周辺
つがるじ やさぶろう
津軽路 弥三郎

貝焼きみそは、とろとろの卵と大きなホタテが絶妙。豊盃や田酒、じょっぱりなど地酒も充実。青森の地鶏「青森シャモロック」の料理も人気だ。
☎0172-36-6196 ⓳弘前市鍛冶町23-2 ⏰16〜22時LO ㉛不定休 🚌バス停下土手町①から徒歩3分 🅿指定駐車場利用（2時間無料）MAP付録P7C3

土手町周辺
ろばたやき けんた
ろばた焼 けん太

青森県の近海でとれた新鮮な海の幸、地元食材を使った津軽の味覚を楽しめる。うま味たっぷりの船上〆熟成魚に出合えたらラッキー。
☎0172-35-9514 ⓳弘前市桶屋町3 ⏰18時〜23時30分 ㉛不定休 🚌バス停本町から徒歩1分 🅿なし MAP付録P7C3

土手町周辺
きくふじ
菊富士

創業90年以上を誇る郷土料理と創作そばの老舗。けの汁定食のほか、いがめんち定食1280円、おまかせ郷土料理コース3300円などもおすすめ。
☎0172-36-3300 ⓳弘前市坂本町1 ⏰11〜15時（14時30分LO）、17〜22時（21時LO）㉛木曜、ほか月に2日 🚌バス停中土手町から徒歩2分 🅿アウトエア弘前駐車場利用 MAP付録P6D3

店内は上品で落ち着いた造り

市民に愛されて40年余。「さかけん」の愛称で親しまれる

木のぬくもりが感じられる広々とした店内

 弘前はカクテルの街とも呼ばれ、弘前ならではのオリジナルカクテルを楽しめるバーも多くあります。

弘前 ● 郷土料理を地酒とともに

ハンドメイドのぬくもりあふれる
弘前の工芸品を探しに

職人が手掛ける一点物など、旅の記念に持ち帰りたい工芸品をご紹介。
弘前タウンを散策しながら、お気に入りのアイテムをみつけてみませんか。

弘前駅周辺
ぐりーん
green

色とりどりのこぎん刺しが並ぶ

人と地球にやさしく、心が豊かになる暮らしを
提案するセレクトショップ。広々とした店内には
洋服や布製品、天然素材の製品を揃える。伝
統工芸士と共同で開発したこぎん刺しのオリジ
ナルアイテムも豊富。

☎0172-32-8199 住弘前市代官町22 ⏰11〜18時
休水曜 交JR弘前駅から徒歩10分 P2台
MAP付録P6D3

こぎん刺しとは
藍染めした麻の野良着のことを津軽
地方では「こぎん（小布）」という。その
保温性を高めるため、麻布に白の木綿
糸を刺したのが始まり。

コースター
1100円
やさしい色の組み合わせと
こぎん刺しの素朴な模様で、
ティータイムに彩りを

▲ 上品で広々とした店内には、モダンな
デザインのこぎん刺しアイテムが並ぶ

こぎん刺し模様の
クラフトテープ 760円
プレゼントのラッピングなどに
使えるクラフトテープ。津軽み
やげとして人気

カード入れ 2420円〜
使い勝手のいい、シンプルな
二つ折りのカードケース。さま
ざまな色や模様が揃う

こぎんのしおり
1点495円〜
群青色や桜と銀鼠色
などがあり、刺し模様
もさまざま。手頃な値
段もうれしい

がま口
3630円
こぎん刺しを施した、レトロな
雰囲気の小銭入れ

弘前ねぷたのぼち袋が人気の gallery CASAICO

弘前ねぷたまつり (☞P61) のねぷた絵を再利用した「弘前ねぷたぼち袋」1枚275円～が人気。併設の工房で製作した漆器、県内外の作家の作品なども展示・販売している。

☎0172-88-7574 MAP 付録P6F3

テーブルランプ
1万6500円
部屋にアクセントを与える小ぶりの円筒型ライト。温かみのある透過光が魅力的

ブナコとは
薄いテープ状に加工した国内産ブナ材をコイル状に巻いてから成型した木工品。

ティッシュボックス
9900円
やわらかな曲線が印象的なティッシュボックス。ブナの木目がスタイリッシュ

ぶなこしょーるーむ ぶれす
ブナコショールーム BLESS
ブナを加工した製品を販売

木工品「ブナコ」のショールームで、照明やインテリアグッズ、テーブルウェアなど、ブナを加工した商品を展示・販売。製造法を紹介するコーナーもある。ハイセンスで機能的なアイテムは贈り物にも最適。

☎0172-39-2040 ▣弘前市土手町100-1もりやビル2階 ⏰11～17時 ❌不定休 🚌バス停中土手町からすぐ ❓あり MAP 付録P6D3

▶白を基調とした店内に多彩な木工アイテムを展示

ちこり
chicori
下川原焼も扱うセレクトショップ

大切に長く着られるベーシックで品質にこだわった衣料品を販売するセレクトショップ。津軽の伝統工芸「下川原焼」やポーランドの伝統陶器「ポーリッシュポタリー」など雑貨も取り扱う。

☎0172-32-3020 ▣弘前市坂本町2 ⏰12～17時 ❌日・火曜 🚌バス停中土手町から徒歩2分 ❓なし MAP 付録P6D3

下川原焼とは
津軽藩士の高谷金蔵が下川原 (現在の桔梗野) に窯を築いたのが始まり。現在も鳩笛などが作られている。

鳩笛 (中)
各880円
「ホー」というやさしい音色の土笛。丸みを帯びたフォルムがかわいい

▲ぬくもりある雑貨を多く扱っている

人形笛
1点1100円
津軽の風俗や行事を表現した土人形。穏やかな表情に癒される

ここだけの風景がいろいろ
津軽の四季を楽しみましょう

緑豊かな夏、雪深い冬など四季折々の魅力に満ちている津軽。
祭りや名物列車など、この地で育った文化を体験してみましょう。

弘前市

あっぷるろーど
アップルロード

日本有数の名産地で
リンゴだらけのドライブを

大鰐弘前ICから弘前市百沢地区を結ぶ約20kmの道路。リンゴ出荷のために整備された道路で、沿線には多くのリンゴ畑が広がっている（無断立入厳禁）。☎0172-37-5501（弘前市立観光館）住東北自動車道大鰐弘前IC～弘前市百沢 📅🕐休通行自由交東北自動車道大鰐弘前ICよりすぐ Pなし
MAP P123D3

8～11月中旬

りんご畑越しに津軽の
シンボル岩木山を望む

➊岩木山を見るなら大鰐弘前IC～百沢へ向かう進行方向がおすすめ ➋可憐なりんごの花でお花見をするのも津軽風の楽しみ方

5月上～中旬

~Check! リンゴ狩りを楽しもう

弘前市

いわきさんかんこうりんごえん
岩木山観光りんご園

約40種のリンゴ狩りができる観光農園。リンゴのオーナー制度やトウモロコシの販売も行っている。収穫期は要問合せ。☎0172-83-2746 住弘前市百沢寺沢120-3 💴入苑800円（食べ放題、2個おみやげ付き）🕐9時30分～15時30分 休不定休（要問合せ）交JR弘前駅から車で25分 P20台 MAP P123D2

2月中旬予定

➊田んぼアートは展望台から眺めよう ➋雪で覆われた田んぼに、足跡で美しい模様を描くスノーアートは2月に開催

鮮やかな色を楽しむ見頃は7月中旬～8月中旬

5月下旬～10月上旬

田舎館村

たんぼあーと
田んぼアート

繊細な技術が作り出す
迫力満点な大地の芸術

さまざまな稲の色彩を利用して水田に絵画を描いたもの。田舎館村展望台のある第1会場、弥生の里展望所のある第2会場の2ヵ所。表現の豊かさが毎年話題を集めている。田舎館村展望台 ☎0172-58-2111（田舎館村企画観光課）住田舎館村田舎館中辻123-1 💴入場300円 🕐9～17時（入場は～16時30分）休「稲刈り体験ツアー」当日、10月上旬～5月下旬 交弘南鉄道田舎館駅から車で6分 P田舎館村役場駐車場利用 MAP P123E2

8月4〜8日開催

大高さ約
mの立佞武
が練り歩く

「ヤッテマレ」と元気なかけ声が飛び交う

弘前市
ひろさきねぷたまつり

弘前ねぷたまつり

風流な扇型の灯籠が
幻想的な趣を醸す祭り

武者絵が描かれた大小合わせて約80台の扇型や人形型のねぷたが、「ヤーヤドー」のかけ声に合わせて街を練り歩く。ねぷた運行は8月1〜4日、5・6日、7日に場所を変えて行われる。

☎0172-37-5501（弘前市立観光館）🏠弘前市中心市街地 ¥無料（有料観覧席あり）🕐19時〜21時30分ごろ（7日10〜11時）🅿近隣有料駐車場利用 MAP 付録P7C3

県内各地のねぷた祭
✓青森ねぶた祭 ☞P78
✓黒石ねぷた祭り ☞P70

8月1〜7日開催

武者絵のテーマは
『三国志』や『水滸伝』など
勇壮なもの

津軽家の家紋を模した牡丹が描かれた台座も注目！

五所川原市
ごしょがわらたちねぷた

五所川原立佞武多

タワーのようにそびえ立つ
立佞武多が街を練り歩く

古来に中国から伝わった「七夕祭り」が発展したとされる祭り。一時姿を消したが、有志の尽力により1998年、約80年ぶりに復活した。約15台のねぷたが出陣し、周りを踊り手たちが盛り上げる。

☎0173-38-1515（五所川原市観光協会）🏠五所川原市中心市街地（立佞武多の館周辺）¥無料（有料観覧席あり）🕐19〜21時 🅿近隣有料駐車場利用 MAP P123D1

⋯Check！ 一年中立佞武多を楽しめる

五所川原市
たちねぷたのやかた

立佞武多の館

立佞武多の現物展示のほか、金魚ねぷた制作体験（有料）や実制作現場の見学など、多様な視点でねぷたを楽しめる。

☎0173-38-3232 🏠五所川原市大町506-10 ¥入館650円 🕐9〜17時 休無休 🚉JR五所川原駅から徒歩5分 🅿20台（有料）MAP P123D1

五所川原市
つがるてつどうすとーぶれっしゃ

津軽鉄道ストーブ列車

雪深い津軽の雪原を行くストーブ列車

津軽五所川原駅〜津軽中里駅を約40分で結ぶ津軽鉄道。12〜3月には名物のストーブ列車（1日3往復、12月は要問合せ）が登場する。石炭が燃えるダルマストーブで温まろう。付録P13でも紹介。 ☎0173-34-2148（津軽鉄道）¥乗車券+ストーブ列車券500円 休4〜11月 MAP P123D1

12〜3月運行

地酒やスルメを
車内販売で購入できる

レトロな趣たっぷりの車両で雪原を進む

まだある！津軽鉄道の季節列車

ふうりんれっしゃ
風鈴列車 7〜8月運行

客車内に津軽金山焼の風鈴を吊るし、涼やかな音を楽しむ。風鈴は俳句の短冊が付いている。期間中すべての列車が対象。

すずむしれっしゃ
鈴虫列車 9月〜10月中旬運行

駅員が飼育した鈴虫を入れた虫かごを客車内の棚に置き、可憐に響く虫の声を楽しむ津軽の秋の風物詩。期間中すべての列車が対象。

ココにも行きたい

弘前のおすすめスポット

弘前公園周辺
ひろさきしりつきょうどぶんがくかん
弘前市立郷土文学館

郷土出身作家の足跡をたどる資料が多数

太宰治、佐藤紅緑など弘前ゆかりの作家の直筆原稿や手紙、著作などを展示。弘前出身の小説家・石坂洋次郎の記念室や、高木恭造らの作品を紹介する方言詩コーナーも併設。DATA☎0172-37-5505 ⓗ弘前市下白銀町2-1 ¥入館100円 ⓣ9〜17時 休展示替え期間 ⓢバス停市役所前からすぐ ⓟ弘前市立観光館地下駐車場利用88台（1時間無料、以降30分100円）MAP付録P7C3

弘前公園周辺
つがるてんねんあいぞめ かわさきそめこうじょう
津軽天然藍染 川﨑染工場

自然の藍の美しさを伝える

弘前藩4代藩主・津軽信政の時代に始まった津軽天然藍染の工房で、藍染めの小物などを販売。建物や設備は、江戸時代のものを現在も使っている。予約をすればハンカチなどの藍染体験1200円も可能。DATA☎0172-35-6552 ⓗ弘前市亀甲町69 ¥工房見学200円 ⓣ9〜17時（11〜3月は〜16時）休木曜 ⓢバス停文化センター前から徒歩10分 ⓟ4台 MAP付録P7C2

弘前駅周辺
たかさご
高砂

揚げたて絶品天ぷらが味わえる

大正2年（1913）創業の老舗そば処。棟方志功が帰郷した際によく立ち寄ったことでも知られる。サックリと軽い食感の肉厚なエビの天ぷらが評判。細めでコシのある二八そばと一緒に楽しめる。エビの天ぷら2個がつく天ざる1600円が人気。DATA☎0172-32-8025 ⓗ弘前市親方町1-2 ⓣ11時〜17時30分 休月曜（祝日の場合は翌日）ⓢバス停本町から徒歩2分 ⓟ10台 MAP付録P7C3

弘前公園周辺
だしてんじかん
山車展示館

弘前八幡宮祭礼の山車が並ぶ

藩政時代の弘前八幡宮祭礼に使用されていた山車を展示。山車人形も多く保管され、弘前ねぷたまつりに出陣する直径約4mの「津軽剛情張大太鼓」も見られる。DATA☎0172-37-5501（弘前市立観光館）ⓗ弘前市下白銀町2-1 ¥入館無料 ⓣ9〜18時 休無休（臨時休館あり）ⓢバス停市役所前から徒歩3分 ⓟ弘前市立観光館地下駐車場利用88台（1時間無料、以降30分100円）MAP付録P7C3

土手町周辺
さいしょういんごじゅうのとう
最勝院五重塔

東北随一の美しさといわれる雅な塔

弘前が誇る国指定重要文化財五重塔。寛文6年（1666）、弘前藩4代藩主津軽信政が津軽統一の戦いにおける戦没者供養のために建立。高さ約31.2m。DATA☎0172-34-1123 ⓗ弘前市銅屋町63 ¥拝観無料（さくらまつり、ねぷたまつり期間中は500円）ⓣ9時〜16時30分 休無休 ⓢJR弘前駅から弘南バス金属団地・桜ヶ丘線で12分、弘前高校前下車、徒歩3分 ⓟ5台 MAP付録P7C4

土手町周辺
おまかせりょうり すずめのおやど
おまかせ料理 すずめのお宿

地元食材たっぷりの和食が評判

県産食材をふんだんに使った和食を楽しめる。昼のメニューはコース1種類と定食2種類。コースと定食は当日の食材によって内容が決まる。お造り定食2500円は、青森県日本海側に水揚げされた魚介を中心に使用している。DATA☎0172-35-8584 ⓗ弘前市桶屋町55-4 ⓣ12時〜14時30分、17〜22時 休日曜、ほか月1回不定休 ⓢバス停蓬莱橋から徒歩5分 ⓟ6台 MAP付録P7C3

弘前公園周辺
つがるはんねぷたむら
津軽藩ねぷた村

津軽文化をまるごと楽しもう！

有料見学エリアでは、実物大ねぷた見学や津軽伝統工芸の制作風景見学、津軽三味線の展示・生演奏など、津軽の文化を体験できる。金魚ねぷたや津軽凧の絵付け体験（有料）や郷土料理の食事処、みやげ店もある。DATA☎0172-39-1511 ⓗ弘前市亀甲町61 ¥有料見学エリア550円 ⓣ食事処11〜15時 休無休 ⓢバス停文化センター前から徒歩8分 ⓟ200台 MAP付録P7C2

禅林街
ちょうしょうじ
長勝寺

古都弘前の趣を色濃く残す

弘前藩主・津軽家の菩提寺であり、曹洞宗の禅寺。長勝寺を中心に構成された禅林街には曹洞宗33カ寺が連なっている。本堂や庫裏、三門など9棟が国指定の重要文化財で、五百羅漢など貴重な像もある。DATA☎0172-32-0813 ⓗ弘前市西茂森1-23-8 ¥見学自由（外観のみ）ⓢJR弘前駅から弘南バス大秋・居森平線で17分、茂森町下車、徒歩10分 ⓟなし MAP付録P7A3

弘前駅周辺
ぶりっくえーふぁくとりー
BRICK A-FACTORY

津軽グルメのみやげもカフェも

シードルやリンゴジュースをはじめとする、津軽の逸品を種類豊富に取り揃える。弘前吉野町シードル工房直送の生シードルや、店内で焼き上げる地元人気洋菓子店監修のアップルパイなどのスイーツを味わうことができる。DATA☎0172-55-0271 ⓗ弘前市表町1-1 JR弘前駅2F ⓣ8時30分〜19時 休無休 ⓢJR弘前駅直結 ⓟなし MAP付録P6E3

ばんぶーふぉれすと
bamboo forest

暮らしを彩る素敵な商品が見つかる

青森県内で活躍するクラフト作家の作品や安心で安全な食品など、作り手の想いやストーリーが詰まった"ちょっといいもの"を集めた日常の暮らしに寄り添うセレクトショップ。調味料や瓶詰めなど、店主が厳選したラインナップは見ているだけで楽しい。**DATA☎**0172-35-4520 **住**弘前市代官町20-1 **◐**11〜18時 **休**火曜 **交**JR弘前駅から徒歩11分 **P**3台 **MAP**付録P6D3

おもいでしょっぷさくらはうす
想い出ショップさくらはうす

弘前みやげがなんでも揃う!

観光情報を揃える「弘前市立観光館」内にあるみやげ処。伝統工芸から、リンゴや桜のかわいいグッズ、コスメ、ジュースやお菓子など、津軽・弘前ならではの商品が充実。**DATA☎**0172-33-6963 **住**弘前市下白銀町2-1 弘前市立観光館内 **◐**9〜18時 (弘前さくらまつり期間9〜20時、年末年始9〜17時) **休**無休 **交**バス停市役所前から徒歩2分 **P**弘前市立観光館駐車場を利用 **MAP**付録P7C3

ほーむわーくす ほんてん
HOMEWORKS 本店

かわいい津軽アイテムにワクワク

弘前市内に3店あるセレクトショップの本店。リンゴをイメージしたタンブラーや、伝統工芸の魅力を取り入れた普段遣いできる雑貨などのアイテムが揃う。こぎん刺し模様の茶碗1210円など、気軽に手を伸ばせる価格帯で、自分みやげにもおすすめだ。**DATA☎**0172-33-0281 **住**弘前市土手町77-10 **◐**10〜19時 **休**無休 **交**バス停中土手町から徒歩1分 **P**6台 **MAP**付録P6D3

かしどころ すずろほんてん
菓子処 寿々炉本店

津軽産リンゴを使った和菓子をみやげに

弘前を代表する和菓子の名店で、素材の風味を生かした上品な和菓子が店に並ぶ。津軽産リンゴを固めた和風ゼリー花かざしが人気。写真左から花かざし18本入り1350円、芳華12枚入り1676円、寿々炉12枚入り1242円。店内で和菓子と抹茶のセット850円〜をいただくこともできる。**DATA☎**0172-36-2926 **住**弘前市田代町14-2 **◐**9時30分〜17時 **休**水曜 **交**バス停下土手町①から徒歩5分 **P**3台 **MAP**付録P6D3

ひろさきしりんごこうえん りんごのいえ
弘前市りんご公園 りんごの家

地元産シードルは市内でも随一の品揃え

リンゴ商品だけでも約1200点を取り揃えるおみやげコーナーや、リンゴを使ったオリジナルメニューが豊富な軽食・喫茶コーナーがある。**DATA☎**0172-36-7439 (弘前市りんご公園) **住**弘前市清水富田寺沢125 弘前市りんご公園内 **◐**9〜17時 **休**無休 **交**JR弘前駅から弘南バスで20分、常盤坂入口下車、徒歩7分 ※8〜16時台の相馬行きは公園内で停車 **P**弘前市りんご公園駐車場460台 **MAP**P123D3

ひろさきしーどるこうぼうきもり
弘前シードル工房kimori

リンゴ畑に囲まれたシードル醸造所

青森県産リンゴを使い、リンゴ本来の味を生かした、人工的に炭酸を充填せずに発酵させた無ろ過のシードルが評判を集めている。**DATA☎**0172-88-8936 **住**弘前市清水富田寺沢125弘前市りんご公園内 **◐**9〜17時 **休**水曜 **交**JR弘前駅から弘南バスで20分、常盤坂入口下車、徒歩7分 ※8〜16時台の相馬行きは公園内で停車 **P**弘前市りんご公園駐車場460台 **MAP**P123D3

りんごの街・弘前でアップルパイをパクッ!

青森県産リンゴを各店工夫に富んだアップルパイで楽しんで。

さぼうここ
茶房CoCo

とろけるアイスのリッチな極上パイ

シナモンが効いた煮リンゴと香り高いバターのパイ400円。提供は10月下旬〜リンゴがなくなるまで。**DATA☎**0172-26-8011 **住**弘前市駅前町6-1謙ビル1階 **◐**10〜18時LO **休**火曜 (祝日の場合は営業) **交**JR弘前駅から徒歩5分 **P**なし **MAP**付録P6E3

こうひいやぶるまん
可否屋葡瑠満

サクサクパイとこだわりコーヒー

自家製あっぷるぱい400円 (通年) は、完熟リンゴ本来の味わい。芳醇で奥深いコーヒーとともに楽しんで。**DATA☎**0172-35-9928 **住**弘前市下白銀町17-39 **◐**9時30分〜18時 **休**月曜、第2・4火曜、8月13日 **交**バス停文化センター前から徒歩2分 **P**なし **MAP**付録P7C2

あんじぇりっくひろさきてん
アンジェリック弘前店

五感で楽しめる多彩なスイーツが魅力

カリカリにキャラメリぜしたパイに甘酸っぱいリンゴがのったアップルパイ380円は、持ち帰りのみ。**DATA☎**0172-35-9894 **住**弘前市野田1-3-16 **◐**10時〜18時30分 **休**火曜、第2・4水曜 (祝日の場合は営業) **交**JR弘前駅から徒歩15分 **P**12台 **MAP**付録P6D2

弘前ではアップルパイのほか、タルトタタンもおすすめ。リンゴの旨味が凝縮された絶品スイーツをご賞味あれ!

個性豊かな津軽の宿で
心と体をゆっくり休めましょう

弘前からひと足のばせば、個性派ぞろいの温泉宿に出合えます。
都会の喧騒を忘れて、津軽の湯、景色、おもてなしを楽しんで。

+リフレッシュポイント+
携帯電話は圏外。ランプと月明かりを頼りに温泉に浸かり、日常を忘れて寛げる。

●渓流沿いの混浴露天風呂。17～18時が女性専用時間 ②川魚や山菜など、季節の山の幸を盛り込んだ素朴な和食膳 ③客室にはテレビも時計もなし。静かな山の時間が流れる ④総ヒバ造りで木の香り漂う内湯。太陽の光が差し込む清々しい朝の入浴もおすすめだ

青荷温泉
らんぷのやど あおにおんせん

ランプの宿 青荷温泉

月明かりがもてなす
山峡の秘湯宿で非日常を味わう

昭和4年（1929）開湯の宿で、今も湯治場風情を残す。各室に電灯はなく、夕方になると火を灯したランプが運ばれる。月が出た夜の明るさに新鮮な驚きも。風呂は源泉かけ流しの内湯のほか、滝見の湯や混浴露天風呂など4種類。夕食は、イワナの塩焼きなど山の宿らしい料理をランプの灯る大広間でゆったりいただく。

☎0172-54-8588 住黒石市沖浦青荷沢滝ノ上1-7 交JR黒石駅から弘南バスで35分、バス停虹の湖公園前から送迎シャトルバスで20分 ■送迎あり P50台 MAP P120A3

客37室（和37）●1929年開業 ●風呂:内湯男女各3 露天男1女2混浴1 貸切なし ●泉質:単純温泉

CHECK
+1泊2食付き料金+
平日 1万1150円～
休前日 1万2250円～
+時間+
IN15時、OUT10時

大鰐温泉
かいつがる

界 津軽

弘前の奥座敷にたたずむ
青森の贅を尽くした湯宿

津軽文化が光る上質な宿。県木でもある青森ヒバを使った大浴場では、紅葉や雪景色など四季折々の風情を楽しめる。夕食は、「黒いダイヤ」とよばれ名実ともに最高峰といわれる大間まぐろが登場。毎夜行われる津軽三味線の演奏や、こぎん刺しなどの津軽文化にもふれられる。

☎0570-073-011（星野リゾート界予約センター）住大鰐町大鰐上牡丹森36-1 交JR大鰐温泉駅から車で5分 ■送迎あり P20台 MAP P123E3

客40室（和34 洋6）●2019年リニューアルオープン ●風呂:内湯男女各1 露天なし 貸切なし ●泉質:ナトリウム・塩化物・硫酸塩泉

+リフレッシュポイント+
大浴場では、秋～春にリンゴの実が、夏にヒバでつくったヒバリンゴが浮かぶ。

CHECK
+1泊2食付き料金+
平日 2万5000円～
休前日 3万1000円～
+時間+
IN15時、OUT12時

●とろみのある湯が優しく肌を包む ②夕食は津軽の食材、食文化を取り入れたもの。秋冬の特別会席は大間のマグロ尽くし ③伝統工芸「津軽こぎん刺し」の模様を現代風にデザインしたご当地部屋

源泉かけ流し ■部屋食 エステあり 禁煙ルームあり 大浴場あり ひとり宿泊OK インターネット可

南田温泉

つがるのおやど みなみだおんせんほてるあっぷるらんど

津軽のお宿 南田温泉 ホテルアップルランド

リンゴ尽くしのおもてなし

リンゴが湯船にたくさん浮かび、甘酸っぱい香りに包まれた「りんご風呂」が名物。貸切の檜風呂（1時間1300円〜）のほか、足湯などもある。ラウンジのウェルカムドリンクには、リンゴ型サーバーから出るリンゴジュースが登場。

☎0172-44-3711（受付時間9〜18時）●平川市町居南田166-3 ⊠JR弘南鉄道弘南線平賀駅から徒歩15分 ⊟送迎あり Ⓟ180台 MAP P123E3

客69室（和47 洋4 和洋18）●1972年開業
●風呂：内湯男女各2 露天男女各2 貸切2
●泉質：弱アルカリ性ナトリウム-塩化物泉

✦リフレッシュポイント✦
約100個のリンゴが浮かぶ風呂は甘酸っぱい香りが心地いい。

CHECK
✦1泊2食付き料金✦
平日 1万3350円〜
休前日 1万4450円〜
✦時間✦
⏰IN15時、OUT10時

① 湯船に浮かぶリンゴには保湿や血行促進など肌にいい成分がたっぷり ② アワビや旬の魚介を味わう夕食 ③ 西側は津軽富士岩木山、東側は八甲田連峰と津軽平野が眺望できる「花館客室」

✦リフレッシュポイント✦
硫黄の香りが強く漂う白濁の湯に浸かれば嶽温泉の湯力を感じる。

① たたみ敷の浴場のほか、青森ヒバの浴場もある ② マタギ飯のほか、先祖秘伝のレシピで作る熊や猪などのジビエ料理が自慢だ ③ 奥に囲炉裏があり、どこか懐かしさを感じる客室

嶽温泉

だけおんせん やまのほてる

嶽温泉 山のホテル

岩木山の麓に立つ老舗ホテル

開湯300年以上の歴史を誇る名湯・嶽温泉の湯治場にたつ宿。湯は硫黄香る源泉かけ流し。夕食では元マタギである先々代が考案したマタギ飯や、熊肉などを使ったマタギ料理が味わえる。朝食の山菜がゆ、自分で絞るリンゴジュース（季節限定）も評判が高い。

☎0172-83-2329 ●弘前市常盤野湯ノ沢19 ⊠JR弘前駅から車で45分 ⊟送迎あり Ⓟ20台 MAP P122C2

客18室（和18）●1674年開業 ●風呂：内湯男女各2 露天男女なし 貸切なし ●泉質：酸性-カルシウム-硫黄泉

CHECK
✦1泊2食付き料金✦
平日 1万3350円〜
休前日 1万4450円〜
✦時間✦
⏰IN15時、OUT10時

大鰐温泉

ふじやほてる

不二やホテル

四季を楽しむ老舗の温泉宿

温泉街を流れる平川沿いに立つ温泉ホテル。浴槽に注がれる湯はかけ流しで、自然石を配した露天風呂からは、四季折々の自然を眺められる。地場産・青森シャモロックの釜めしなど地域の食材を使った料理も好評だ。

☎0172-48-3221 ●大鰐町蔵館川原田63 ⊠JR大鰐温泉駅から徒歩15分 ⊟送迎あり Ⓟ60台 MAP P123E3

客39室（和37 和洋2）●1925年開業 ●風呂：内湯男女各1 露天男女各1 貸切なし ●泉質：ナトリウム・カルシウム-塩化物・硫酸塩泉

✦リフレッシュポイント✦
広々とした内湯も露天風呂も源泉かけ流し。コンパクトなサウナも付いている。

CHECK
✦1泊2食付き料金✦
平日 1万3790円〜
休前日 1万5990円〜
✦時間✦
⏰IN15時、OUT10時

① 開放感たっぷりの露天風呂 ② シャモロック釜飯など地元の山海の幸がずらりと並ぶ夕食 ③ 12畳の広々とした和室

📖 大鰐温泉の名物は「大鰐温泉もやし」。温泉水で育てたもやしは、香りとシャキシャキ食感がたまりません。

弘前 ● 個性豊かな津軽の宿で

江戸情緒にひたるひと時
中町こみせ通りさんぽへ

藩政時代の面影を残す通りを歩き、食事処や雑貨店へ。
黒石の今と昔の魅力をゆるりと探る旅へでかけましょう。

中町こみせ通りって
こんなところ

築200年以上の歴史ある建物が
軒を連ね、江戸時代の情緒満点
な木造アーケード街。重要伝統的
建造物群保存地区に選定されて
いる。まるでタイムスリップしたよ
うな気分で散策を楽しめる。

日本の道百選にも選ばれたストリート

↑みやげ処のほか、食事処も併設している

↑持ち帰りの黒
石つゆやきそば
もある

❶ 津軽こみせ駅
つがるこみせえき

三味線ライブも開催！
津軽名物が揃うみやげ処

リンゴ加工品や津軽こけし、津軽塗
などの伝統工芸品などが並ぶ。土・
日曜は無料の津軽三味線の生演奏
が1日2回（冬期は要問合せ）催され
る。

☎0172-52-7271 🏠黒石市中町5 🕐8
時30分～17時15分 🈺火曜 🚌弘南鉄道
黒石駅から徒歩10分 🅿10台 MAP P67

↑伝統こけし（牡
丹）18cm1620円

---

❷ 和風レストラン御幸
わふうれすとらんみゆき

郷土料理も楽しめる
創作和食レストラン

こみせを眺めながら食事を楽しめる。
黒石つゆやきそば880円のほか、
津軽の食材を使った郷土料理も揃う。
宇治金時600円など甘味も充実。

☎0172-52-2558 🏠黒石市中町36 🕐11
時～14時30分LO、17時～19時30分LO※
変更の場合あり 🈺不定休 🚌弘南鉄道黒石
駅から徒歩10分 🅿40台 MAP P67

↑店内は広々。座
敷席とテーブル席
とがある

→寿司や天ぷ
ら、津軽そば
などが付く豪
華な花かご御
膳1890円

中町こみせ通り近くの
風情感じる宿に
ステイ

黒石市中心部にある「こみせの宿 ホテル逢春」は観光に便利。和・洋合わせて15の客室があり、近隣の飲食店で郷土料理などが味わえる食事付プランなど、豊富な宿泊プランがある。
☎0172-26-8441 **MAP** P67

---

❸ 鳴海醸造店
なるみじょうぞうてん

江戸時代創業の老舗酒造
建物内の見学もできる

創業文化3年（1806）の歴史ある酒造店。地酒を販売している母屋は築230年以上で、市指定重要文化財。店頭で試飲ができる。冬期以外は座敷からの庭園見学も。

☎0172-52-3321 🏠黒石市中町1-1 🕐8～17時（土・日曜は9～16時）🈹不定休（11～4月の仕込み時期は蔵の見学不可）🚈弘南鉄道黒石駅から徒歩10分 Ｐなし **MAP** P67

⬆菊乃井特別純米酒2750円（1.8ℓ）は精米歩合60%で雑味がなく深みのある味わい

⬆LED照明付きのいろどりねぶたとうろう体験キット3900円
⬅温かみのある灯籠の光を自宅で楽しめると人気

雑貨店

❹ IRODORI
いろどり

実際のねぶたの紙で
世界でひとつのアイテムを

灯籠の制作体験ができる雑貨店。使用する紙は、実際に使われた本物のねぶた絵をリサイクルしており、絵柄選びなど唯一無二のデザインに仕上げられると話題に。

☎0172-55-6188 🏠黒石市中町38 ¥ねぶたの灯籠制作3800円 🕐11～15時（土・日曜、祝日10～16時）🈹火曜 🚈弘南鉄道黒石駅から徒歩10分 Ｐなし **MAP** P67

⬆ひとつひとつ絵柄の異なるねぶたのうちわも販売

⬆鳩笛「はとぶえッ!」は不定期入荷のため要問合せ

⬆文化3年（1806）創業の老舗酒造。日本酒は母屋で販売

餅店

❺ 寺山餅店
てらやまもちてん

老舗が手がける素朴な味の手作り餅

文政7年（1824）創業。名物は、杵と臼でついた四半餅。しっかりとしたコシともっちり感を楽しめる。クリームチーズとリンゴのジャムが入ったちーずりんご餅も人気だ。

☎0172-52-2826 🏠黒石市中町36-1 🕐8～19時 🈹不定休 🚈弘南鉄道黒石駅から徒歩10分 Ｐなし **MAP** P67

⬆四半餅あずき5枚500円。

⬅ちーずりんご餅2個入り324円

弘南鉄道弘南線 駅前
つがるの食彩 野田 P.68
黒石浜町局
黒石 圓覚寺 黒石局
弘前駅へ 郵便局 浜町 黒石市 浪岡へ
N 270
200m 寺山餅店 ❺ 中町こみせ通り 13
高橋家住宅
創作料理の店 ❷和風レストラン
蔵よし P.68 御幸
来迎寺
境松駅へ 38 中町 妙経寺
P.70 黒石よされ ❹IRODORI
（メイン会場）
市民文化会館 内町 ❶津軽 津軽よされライン
こみせ駅
黒石稲荷神社 黒石市役所 ❸鳴海醸造店
御幸公園 市役所前 渋川製菓 P.69 38
P.67 こみせの宿
田舎館駅へ ホテル逢春
黒石神明宮
P.69 すずのや 268 13
黒石ねぶた祭り（メイン会場）P.70 国道102号線
平川へ 135

クセになる味！
黒石つゆやきそば

今や全国にも知られているご当地グルメ。
ダシとソース、組み合わせの妙を楽しみましょう。

重厚感のある入口の扉に蔵の面影が色濃く残る

こちらも

世界一上天ざる
2178円

天ぷらや甘すぎない抹茶アイスなどずらりと並ぶ名物メニュー。

つゆ焼そば
880円

本ガツオのダシと、焼きそばのソース味が絶妙なハーモニーに。

そうさくりょうりのみせ くらよし
創作料理の店 蔵よし

江戸時代の蔵を利用した趣ある店内

弘化2年（1845）に建てられた土蔵を改装した食事処。津軽の郷土料理や和食ベースの創作料理を楽しめる。青森のブランドとうもろこし嶽きみの天ぷらや寿司などとつゆやきそばのセットメニューも人気だ。

☎0172-53-2111 🏠黒石市横町13 🕐11～15時、17時～21時30分 🈳水曜 🚃弘南鉄道黒石駅から徒歩10分 🅿25台 **MAP** P67

かつては造り酒屋の土蔵だった

つがるのしょくさい のだ
つがるの食彩 野田

津軽らしさを随所に感じる

地元厚目内産の香り豊かなそば粉を店主が手打ちしたざるそばや、八甲田山系の伏流水を使った手作りこんにゃくなど、津軽の大地の恵みを生かした料理を揃える。定食も豊富だ。

☎0172-53-1444 🏠黒石市浜町26-1 🕐11時～13時30分、17～22時 🈳火曜 🚃弘南鉄道黒石駅から徒歩7分 🅿15台 **MAP** P67

黒石つゆ焼きそば
800円

スパイスで少し辛口。一口サイズのエビ天や野菜がたっぷり！

店内には大きなねぶた絵が飾られている

ソースが香る
黒石やきそばを
煎餅で

黒石やきそばの味をもっと楽しみたいなら、「渋川製菓」の黒石やきそば煎餅356円がおすすめ。サクサク食感と、ソースと青のりの風味があと引くおいしさだ。おみやげにもぴったりだ。
☎0172-52-2381 MAP P67

おしょくじどころ みょうこう
お食事処 妙光

ラーメンと焼きそばがコラボ⁉

昭和52年（1978）創業。醤油味のラーメンスープとソース焼きそばを合わせ、野菜や揚げ玉がたっぷり入った元祖つゆ焼きそばは、食べ応えも抜群。酢ダコ入り凧ラーメン750円も人気。

☎0172-53-2972 住黒石市元町66 時11～18時 休不定休 交弘南鉄道黒石駅から徒歩15分 P14台 MAP P123E2

元祖つゆ焼きそば 750円
ウスターソースが香る焼きそばとあっさり味のスープは相性抜群。

店内の壁や天井に津軽凧が飾られている

化けやきそば 650円
そのまま食べれば焼きそば、スープを注げばつゆやきそばに。

どこか懐かしさを感じる雰囲気

すずのや
すずのや

スープやソースは自分で

中町こみせ通りの一角に店を構える、地元のファンも多い黒石やきそばの専門店。スープと天かすが別に出されるスタイルだ。途中で卓上にあるウスターソースを加えて味の変化を楽しむこともできる。

☎0172-53-6784 住黒石市前町1-3 時11～15時 休火曜 交弘南鉄道黒石駅から徒歩11分 P3台 MAP P67

れすとらんもみじ
レストランもみじ

りんごが隠し味のやきそば

津軽伝承工芸館内にあるレストラン。定番の黒石つゆ焼きそばのほかに、カレーつゆ焼きそば800円もある。りんごカレー700円も名物だ。

☎0172-59-5300 住黒石市袋富山65-1津軽伝承工芸館内 時11時～14時30分 休月曜 交バス停津軽伝承工芸館前からすぐ P200 MAP P123E3

黒石つゆやきそば 700円
りんごエキス入りオリジナル焼きそばソースがポイント。

広々として天井が高く、開放的な店内

各店こだわりのソースやスープのお持ち帰りセットがある店が多く、おみやげに人気。

伝統のねぷた絵が美しい
夏の風物詩・黒石ねぷた祭り

豪華絢爛なねぷたが1週間にわたって黒石の街を運行する夏祭り。
夜空に映えるねぷたや街に響くお囃子を間近に体験してみましょう。

地元っこ
イチ押しは **ココ！**

約50台が集まる合同運行は7月30日と8月2日。繊細で色鮮やかなねぷたが街を練り歩く。

▲見上げるほど大きな扇ねぷた。端まで細やかに描かれた武者絵は迫力満点だ

7月29日～8月5日
くろいしねぷたまつり
黒石ねぷた祭り

勇壮さと雅な趣を感じる祭り

表面に武者絵、背面に見おくり絵と呼ばれる美人画が描かれるのが黒石ねぷたの特徴。表面の豪華絢爛さに対し、背面でもの寂しさを表現している。青森は人形ねぷた、弘前は扇ねぷただが、黒石では人形と扇の両方が共存。ねぷたを載せる台の美しさにも注目だ。合同運行など詳細は要問合せ。

☎0172-52-3369(黒石青年会議所) 📍御幸公園、中町こみせ通り周辺など 🕐18時30分～ 🚃弘南鉄道黒石駅から徒歩10分 🅿200台 MAP P67

★ 黒石の夏祭りはコチラもcheck！

8月15・16日（流し踊り）開催
くろいしよされ
黒石よされ

恋の唄から発展した盆踊り

黒石よされとは、500年以上続く恋の掛け合い唄。盆踊りは江戸時代から盛んになったという。毎年3000人以上が浴衣と花笠姿で艶やかに踊る。中町こみせ通りなど、歴史ある建物を背景に踊り、練り歩く様子を見ることができる。

☎0172-52-3488 📍黒石市役所など 🕐19～21時 🚃弘南鉄道黒石駅から徒歩10分 🅿500台 MAP P67

▲扇ねぷたに交じり、人形ねぷたも運行。台座まで絵が施され、格調高い趣を醸している

◀見送り絵に描かれる美人画。やわらかな明かりの中で見る優美な絵は幻想的な雰囲気

▲津軽よされ節とよばれる津軽民謡に合わせて舞う

▲流し踊り、廻り踊り、組踊りの3つで構成されており、廻り踊りには観光客も参加できる

魅力がギュッと集まった青森タウン
アクセスがよく、観光拠点にもおすすめです

県のほぼ中央に位置する、各地域への交通の要所。
ベイエリアでショッピング、駅周辺でグルメ、
青森ICそばで縄文遺跡やアートが揃います。
宿泊はひと足のばして浅虫温泉へ。

これしよう！
青森ねぶた祭を
体感してみよう
豪華絢爛な大型ねぶ
たを間近で見てみよう
（☞P78）。

これしよう！
青森名物の
「のっけ丼」
好きな具を選んでごはん
にのせて。オリジナル丼
が完成（☞P76）。

これしよう！
ベイエリア周辺で
青森らしさを満喫！
青森の魅力が凝縮された
ベイエリアで、潮風の心地
よい時間を（☞P74）。

カルチャースポットや海鮮グルメが充実！

青森タウン
あおもりたうん

海を眺めながら宿泊で
きる浅虫温泉でほっこり

こんなところ

青森駅周辺には、東北を代表する夏祭り
「青森ねぶた祭」を通年体感できる施設
や、好みの具をのせた「のっけ丼」を楽し
める市場など魅力的なスポットが点在。
新青森駅周辺には青森県立美術館や三内
丸山遺跡も。青森の歴史や文化を感じな
がら、街歩きを楽しんで。

access

【鉄道】
新青森駅からJR奥羽本線で6分、
青森駅
【車】
青森自動車道青森中央ICから県
道120号など約5kmで青森市街

問合せ
☎017-723-4670
青森市観光交流情報センター
MAP P123、付録P8〜11

～青森タウン はやわかりMAP～

あおもりシャトルdeルートバス
ねぶたん号ルート

N
0　　　　1km

6 **A-FACTORY**（☞P75）

青森湾

5 **ねぶたの家 ワ・ラッセ**（☞P74）

4 **青森県観光物産館 アスパム**（☞P74）

津軽海峡フェリー青森ターミナル
青森港フェリーターミナル
青森港環境緑地
青森市森林博物館
青森駅
ベイエリア
善知鳥神社
青森県庁
青森市役所
阿弥陀寺
諏訪神社
平和公園

1 **特別史跡三内丸山遺跡**（☞P80）

3 **青森のっけ丼 魚菜センター内**（☞P76）

久須志神社

2 **青森県立美術館**（☞P82）

青森県総合運動公園
東北新幹線
新青森駅
青森IC
国道7号バイパス
青森自動車道
細越神社
大星神社

あおもりべいえりあ / 青森ベイエリア

青森県観光物産館アスパム周辺には観光スポットや青森グルメが集まる施設などが点在（☞P74）。

とくべつしせきさんないまるやまいせき／あおもりけんりつじゅつかん / 特別史跡三内丸山遺跡／青森県立美術館

青森を代表する観光施設。道路を挟んで面しており、移動は徒歩10分ほど（☞P80・82）。

観光のヒント
じっくり見て回るなら1泊2日がおすすめ

青森県立美術館や三内丸山遺跡、青森駅周辺の主な観光地にしぼれば1日でも回れるが、体験やグルメを満喫するなら2日あると安心。宿泊は市街か浅虫温泉で。

おすすめコース
ぐるっと回って5時間

新幹線が停まる新青森駅からバスに乗って三内丸山遺跡と青森県立美術館へ。2大観光スポットを楽しんだら、青森駅周辺で散策を。海を眺めながらの散歩は格別！

スタート		1		2		3		4		5		6		ゴール	
新青森駅	→バスで15分	特別史跡三内丸山遺跡	→徒歩10分	青森県立美術館	→バスで20分＋徒歩5分	青森のっけ丼 魚菜センター内	→徒歩10分	青森県観光物産館アスパム	→徒歩7分	ねぶたの家 ワ・ラッセ	→徒歩1分	A-FACTORY	→徒歩1分	青森駅	

海風を感じながら
青森ベイエリアをおさんぽ

散策所要 5時間

青森駅周辺にはバラエティに富んだ観光スポットが集まっています。
青森の魅力をたっぷり体感できるコースをおさんぽしましょう。

ねぶた制作：竹浪比呂央／ねぶた映像編集協力：竹浪比呂央ねぶた研究所

スタート！

▲シアターは10〜17時の30分おきに上映。1回650円、約15分

1 青森県観光物産館 アスパム
あおもりけんかんこうぶっさんかん あすぱむ

展望台やシアターもある青森タウンの複合施設

1階にはおみやげコーナー、2階には青森の四季と祭りを体感できる360°3Dデジタル映像シアター、13階には展望台がある。ランチは青森の味覚を楽しめる郷土料理店などで。

☎017-735-5311 🏠青森市安方1-1-40 🕐施設により異なる 🈺2月下旬の2日間 🚃JR青森駅から徒歩8分 🅿150台(有料) MAP付録P11B2

▶陸奥湾を望む青い海公園に隣接。地上76mの正三角の建物

徒歩 7分

2 ねぶたの家 ワ・ラッセ
ねぶたのいえ わ・らっせ

青森ねぶた祭の魅力を一年中体感できる

青森ねぶた祭に出陣した大型ねぶたを4台展示するホールでは、祭りの映像も上映。そのほか、お囃子の生演奏、ねぶた制作の解説などみどころ満載。食事処やショップも併設。

☎017-752-1311 🏠青森市安方1-1-1 💴ねぶたミュージアム入場620円 🕐ねぶたミュージアム9〜18時(5〜8月は〜19時) 🈺8月9・10日 🚃JR青森駅からすぐ 🅿80台(有料) MAP付録P11A2

▶青森ねぶたクッキー 24枚入り864円

▲大迫力の大型ねぶたを展示する1階のねぶたホール

▲駅のそばに砂浜が広がる。遊歩道も整備されている

④ 青函連絡船 メモリアルシップ 八甲田丸
せいかんれんらくせん めもりあるしっぷはっこうだまる

北海道と本州を結んだ 連絡船を見学

昭和39年（1964）から約24年間、青森～函館間を結んだ青函連絡船・八甲田丸の船体を利用した博物館。当時の状態で保存された寝台室や操舵室などを見学できる。

▲煙突を利用した展望台からは津軽海峡を一望できる（冬期閉鎖）

☎017-735-8150 住青森市柳川1-112-15 ¥船内見学510円 ◐9時～19時（11～3月は～17時）休11～3月の月曜（祝日の場合は翌日）、3月第2週の月～金曜 交JR青森駅からすぐ P20台 MAP付録P11B1

③ あおもり駅前ビーチ
あおもりえきまえびーち

フォトジェニックな ビーチでひとやすみ

ねぶたの家 ワ・ラッセなど、観光名所の目の前に広がるビーチ。シーカヤック体験会や海の環境について学ぶワークショップなどさまざまなイベントが行われている。

☎017-734-4101（青森県東青地域県民局地域整備部 青森港管理所）住青森市柳川 Y休散策自由 交JR青森駅からすぐ Pなし MAP付録P11A2

徒歩5分

徒歩3分

◀Gelato Natura Dueのジェラート。1個320円～

⑥ 青森ベイブリッジ
あおもりべいぶりっじ

ゴール！

徒歩2分

「A」をかたどった ベイエリアのシンボル

全長約1.2km、青森市最長の橋。美しい外観で、ベイエリアを代表する名景として親しまれている。ウッドデッキの歩行者専用橋「青森ラブリッジ」付近から上ることができる。

☎017-734-4101（東青地域県民局地域整備部 青森港管理所）住青森市柳川1～安方1 Y休散策自由 交JR青森駅から徒歩5分 Pなし MAP付録P11A2

▲橋脚やケーブルなどに青森の頭文字「A」の形がかたどられている

⑤ A-FACTORY
えーふぁくとりー

青森グルメが揃う アミューズメント施設

青森リンゴで造るシードル工房と青森県内のおいしいものを集めた市場がひとつになった複合施設。県産食材を楽しめるレストランやジェラートショップなども入る。

▲アオモリシードルはスタンダード、ドライ、スイートの3種 ▼三角屋根が印象的な建物

☎017-752-1890 住青森市柳川1-4-2 ◐9～20時（店舗により異なる）休不定休 交JR青森駅からすぐ P16台 MAP付録P11A2

青森タウン● 青森ベイエリアをおさんぽ

📖 ワ・ラッセ、アスパム、八甲田丸の共通券「青森ベイエリア周遊券」1380円がお得。各施設、観光案内所で販売。

陸奥湾や近海の海鮮を
のっけ丼&絶品寿司で満喫!

一年を通して多種多彩な魚介が揚がる青森市。職人が握るこだわりの寿司や
好みの具をのせて楽しむのっけ丼で、旬の魚介類を楽しみましょう。

好きな具を選んでのせて!
青森名物オリジナル丼

オリジナル丼その2

ウニ×ホタテ丼
1500円(食事券10枚)
生ウニ6枚(3枚×2)、ホタテ2
枚、エビ子1枚、ごはん1枚

オリジナル丼その1

よりどり豪華海鮮丼
1500円(食事券10枚)
特大エビ2枚、生ウニ3枚、イ
クラ2枚、サーモン1枚、アジ1
枚、ごはん1枚

※食材に対する食事券の枚
数は大きさや店舗により異な
る場合あり

青森駅周辺
あおもりのっけどん ぎょさいせんたーない
青森のっけ丼 魚菜センター内

鮮魚店や惣菜店などが28店舗集まる市場
「魚菜センター」で、自分好みの丼を作ろう。
場内で食事券(5枚綴り750円、10綴り1500
円)を購入すれば、のっけ丼用のごはん、好み
の具と交換できる。具の食事券の枚数は種類
によって異なる。丼のごはんは県産「つがるロ
マン」。

☎017-763-0085 🏠青森市古川1-11-16 🕖7〜
15時(店舗により異なる) 🏠火曜(臨時休業あり)
🚃JR青森駅から徒歩5分 🅿なし 🗺付録P11B3

昭和44年(1969)
創設の市場「魚菜
センター」

青森駅周辺
すしどころあすかしんまちてん
鮨処あすか新町店

青森の新鮮魚介を毎朝厳選。四季折々の旬
の魚介を楽しめる。熟練の職人が素材のよ
さを引き出し、質もボリュームも満足度の高
い寿司を提供する。スペシャルセット八甲田
は11種類の盛合せ。椀ものはアラ汁と十三
湖シジミ汁から選べる。

☎017-723-5000 🏠青森市新町1-11-22 🕖11
時30分〜14時30分、17〜22時 🏠火曜 🚃JR青
森駅から徒歩5分 🅿10台 🗺付録P11B3

鮮度の高さが自慢の
青森寿司に大満足!

スペシャルセット八甲田 **3140円**
煮穴子の1本握りや中トロ、アワビなど特選素材が一皿に

カウンター席やテーブル席があり、
1名から大人数まで対応可

お得にランチを
楽しむなら
あけぼの寿司へ

ランチにぎり10貫 990円、ランチ
限定の海鮮丼1100円など、コスパ
抜群のランチメニューが人気の「あ
けぼの寿司」。トロやウニ、アワビなど
を盛り込んだ特上寿司は3100円。
☎017-734-7166 **MAP**付録P11B4

ボリューム満点で
食べごたえたっぷり！

青森駅周辺
だいこくずし
大黒寿司

JR青森駅の目の前に立つ寿司
店。大きめのネタなど、サービス
精神にあふれた寿司が自慢。昼
以外でも注文できる「いつでもす
しランチ」1200円も人気。

☎017-722-6480 **住**青森市新町1-2-
6 **時**11〜22時 **休**火曜（祝日の場合は
営業）**交**JR青森駅からすぐ **P**契約駐
車場利用（3000円以上の利用で1時間
無料）**MAP**付録P11A2

気軽に立ち寄れる駅近の人気店

特上にぎり8貫とのり巻
3300円
本マグロやウニ、陸奥湾産の
ホタテなど近海の魚介が中
心。巻物、お吸い物、小鉢付き

旬を追求した握りを
手軽に味わえる

大正2年(1913)築の土蔵を改装し
た店舗

松にぎり 2420円
握り7貫と巻物が付く。
新鮮なネタが際立つ

青森駅周辺
いっぱちずし
一八寿し

50年以上続く店。青森のほか、
日本各地から良質な魚介を仕
入れる。シャリは数種類の米を
ブレンドし、気温や湿度によって
炊き方や味付けを微調整する。
☎017-722-2639 **住**青森市新町1-
10-11 **時**11時30分〜14時30分、16
時30分〜21時 **休**第2・4日曜 **交**JR
青森駅から徒歩7分 **P**なし **MAP**付
録P11B2

青森市街
ひでずし
秀寿司

熟練の寿司職人が握る
極上寿司を堪能

大間の本マグロをはじめとする
青森の新鮮魚介と、蒸しカマドと
木炭で蒸し上げるふっくらとした
シャリが相性抜群。丼や一品料
理などメニューも豊富。

☎017-722-8888 **住**青森市堤町1-5-
12 桑田ビル1階 **時**11〜15時、16時20分
〜23時 **休**無休 **交**バス停ホテル青森前
から徒歩4分 **P**5台 **MAP**付録P10F3

カウンター席やテーブル席のほか、
個室もある

特上 2970円
大間産のマグロやウニ、陸奥湾のホ
タテ、県産ヒラメなどの握り8貫と巻
物2種

📖 魚菜センターには青森県民のソウルフード「いかメンチ」や焼き魚、漬物など也。丼と一緒に市場名物も楽しんで。

ふむふむコラム *fumu fumu*

青森の夏を盛り上げる「青森ねぶた祭」って？

毎年8月2〜7日、青森の夏を彩る青森ねぶた祭。
ねぶたの歴史やポイントをおさえて、祭りに足を運んでみては。

Check!
青森県内の
ねぶた祭りもチェック！

弘前ねぶたまつり☞P61
五所川原立佞武多☞P61
黒石ねぶた祭り☞P70

ねぶたの歴史

ねぶた祭りの起源は定かではないが、七夕祭りの灯籠流しの変形という説が有力。古くから津軽にあった精霊送りなどの行事・文化と、奈良時代に中国から伝わった「七夕祭り」が合わさり、灯籠が変化して人形や扇ねぶたになったと考えられている。かつては七夕祭りで川や海に灯籠を流し、無病息災を祈っていた。この行事は「眠り流し」と呼ばれ、「眠り」が転訛して「ねぶた（ねぶた・ねぷた）」になったといわれる（諸説あり）。

大型ねぶたになったのはいつ？

現在のように歌舞伎などを題材にした人間形ねぶたになったのは文化年間。大半は担ぎねぶただったという。ねぶたの大型化が進んだのは明治時代になってから。明治初期には、高さ20m、100人で担いだという巨大なものが登場した。戦後には、観光化とともにさらに大きな祭りへと発展。昭和55年（1980）、「青森のねぶた」が国の重要無形民俗文化財に指定され、この年の祭りの人出は初めて300万人を突破した。

ねぶたのお披露目

ねぶたの制作期間は約3カ月。ねぶたの制作者は「ねぶた師」と呼ばれる。ねぶたの制作工程は、題材を決めて下絵を描くことから。下絵が決まったら、ねぶた小屋での制作が始まる。骨組みをして、照明器具を取り付け。和紙（奉書紙）を貼って、墨書き、ろう書き、色付けをしてねぶたの本体ができあがる。これを40〜50人で高さ2mの台に上げて完成に。8月6日にその年のねぶた各賞の発表・お披露目運行が行われる。

令和3年度「心に灯せ ねぶた魂」金賞
『雷公と電母』作：北村 麻子
写真提供：あおもり市民ねぶた実行委員会

※新型コロナウイルス感染症の状況により、中止または内容が変更になる場合があります。

ねぶた名物「ハネト」とは？

「ラッセラー」のかけ声とともに、飛び跳ねて踊る「ハネト」。「ラッセ」とは、「(酒またはろうそくを)いっぱい(一杯)出せ」がなまった「イッペラッセ」が語源とか。観光客もハネトの衣装を着ければ自由に参加できる。運行コースで待機しているねぶた団体に加わればOK。途中参加はNGだ。※2022年は事前申込制。

◉ 運行スケジュール

8月1日 ▶18～21時 前夜祭

8月2・3日 ▶19時10分～21時
子どもねぶた約15台、大型ねぶた約15台の運行

8月4・5・6日 ▶19時10分～21時
大型ねぶた約20台の運行 ※6日は受賞ねぶたを見られる

8月7日 ▶13～15時 大型ねぶた約20台の運行
▶19時15分～21時 ねぶた海上運行、青森花火大会(会場:青森港)※海上運行は浜町ふ頭18時30分出発、青い海公園沖19～20時運行、浜町ふ頭20時40分ごろ着

☎017-723-7211(青森観光コンベンション協会)
🏠青森市中心街 🚃JR青森駅から徒歩10分 **MAP**
付録P10D4 ●運行コース全長約3.1km。事前の場所取りは不可

ハネト衣装を身につけるには

ハネトは正装であることがルール。青森市内のデパートなどで販売されているほか、衣装レンタル&着付けをしている店も。購入の場合は一式1万円ほど。レンタルの場合は一式4000円前後。

◉ ハネトの衣装のポイント

① 頭には花笠

② 肩には赤やピンクなどのタスキ

③ 腰には「シゴキ」とブリキでできた水やお酒を飲む器「ガガシコ」

④ 着物の裾は膝までたくし上げ、その下にはピンクや青の「オコシ」をつける

⑤ 足元は白足袋に草履

⑥ 白を基調にした浴衣

{ ねぶた気分を味わえるおすすめスポット }

ねぶたの家 ワ・ラッセ
ねぶたのいえ わ・らっせ

大型ねぶたを常設展示。ねぶたの仕組みや歴史を学ぶことができる。1日3回、ねぶた囃子の演奏もある。☞P74

１ 生演奏は11時、13時、15時に実施
２ 1階には物産店とレストランもある

ねぶた屋
ねぶたや
▼ライトオプションは550円

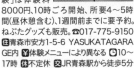

「だるまりんごねぶた制作体験」は体験料8000円、10時ごろ開始、所要4～5時間(昼休憩含む)、1週間前までに要予約。ねぶたグッズも販売。☎017-775-9150
🏠青森市安方1-5-6 YASUKATAGARA
GE内 💴体験メニューにより異なる 🕙10～17時 🈺不定休 🚃JR青森駅から徒歩5分
🅿なし **MAP**付録P11B2

廣田神社
ひろたじんじゃ
▼ねぶた提灯の御朱印がある

青森城代2代目・進藤庄兵衛正次翁の神霊を祀る由緒ある神社。ねぶたに関する御朱印を頒布している。☎017-776-7848 🏠青森市長島2-13-5 💴🈺🅿参拝自由(授与所受付8時30分～16時30分、水曜休務日)🚃JR青森駅から徒歩15分 🅿4台 **MAP**付録P11C4

成田本店 しんまち店
なりたほんてん しんまちてん

青森ねぶたが表紙を飾るねぶた学習帳を販売。裏面には青森ねぶたに関するクイズを掲載。1冊275円。☎017-723-2431 🏠青森市新町1-13-4 🕙10～19時 🈺無休 🚃JR青森駅から徒歩7分 🅿なし **MAP**付録P11B3

▲売り上げの一部はねぶた師に還元される

世界遺産登録で注目を集める
三内丸山遺跡で縄文ロマンを体感

見学所要
2時間

約5900〜4200年前の集落跡といわれ、復元した竪穴建物などを見られる三内丸山遺跡。縄文時代の暮らしを伝える貴重な遺構のほか、縄文グルメやグッズにも注目です。

▲先史時代の営みを垣間見られる復元建物

とくべつしせきさんないまるやまいせき
特別史跡三内丸山遺跡

縄文の貴重な文化財も展示

平成4〜6年（1992〜94）の発掘調査で竪穴建物跡や掘立柱建物跡、盛土、墓、土器、石器などが次々と見つかり、平成12年（2000）に日本最大級の縄文集落跡として特別史跡に指定された。世界文化遺産「北海道・北東北の縄文遺跡群」の構成資産のひとつ。敷地内の縄文時遊館で出土品を見ることができる。

☎017-766-8282 🏠青森市三内丸山305 ¥入場410円 🕘9〜17時（GW、6〜9月は〜18時）※入場は閉館の30分前まで 🈺第4月曜（祝日の場合は翌日）🚈JR新青森駅からあおもりシャトルdeルートバス（ねぶたん号）で15分、三内丸山遺跡前下車すぐ、またはJR青森駅から青森市営バス三内丸山遺跡前行きで30分、終点下車すぐ 🅿486台 **MAP**付録P9B3

◀入口では板状土偶のモニュメントがお出迎え

▶縄文時遊館にある高さ6mの巨大な壁に縄文土器のかけらが散りばめられた「縄文ビッグウォール」

三内丸山遺跡のみどころをご案内

縄文人の住まいを体感できる復元建物

空に向かってそびえる遺跡のシンボル

ヒスイから土偶まで貴重な遺物が眠る

たてあなたてもの
竪穴建物(復元)

約550棟以上の竪穴建物跡がみつかっている。茅葺き、樹皮葺き、土葺きの3種類の屋根で復元。

おおがたほったてばしらたてもの
大型掘立柱建物(復元)

直径 約2mの6つの柱穴と、出土した柱から大型の建物を想定して復元された高さ約15mの建物。物見やぐらや祭殿として使われたという説がある。

[地図]
竪穴建物(復元) / JR新青森駅へ
北盛土 / 大人の墓
子供の墓 / 掘立柱建物跡
青森県立美術館→P82
大型竪穴建物跡
建物跡柱大型掘立
南盛土 / ピクニック広場 / ピクニック広場
縄文のムラ
大型竪穴建物(復元)
さんまるミュージアム
縄文シアター
大型掘立柱建物(復元)
縄文時遊館 / 正面入口 / 中庭 / 体験工房
北彩館 / 縄文ビッグウォール
れすとらん五千年の星 / ミュージアムショップ
駐車場へ
青森ICへ

みなみもりど
南盛土

約1000年かけて厚さ約2mまで積み上げたという土の山。廃棄場もしくは祭り場だったという説がある。

おおがたたてあなたてもの
大型竪穴建物(復元)

長さ約32m、幅約9.8mにもなる竪穴建物で、集会所や積雪時の共同住宅などに使用したとされる。

太古の人々が集った巨大な竪穴住居

縄文コンテンツが豊富!

じょうもんじゆうかん
縄文時遊館

1700点ほどの出土品を展示するさんまるミュージアムや、縄文土器のかけらをちりばめた縄文ビッグウォールなどがある。

青森タウン ● 三内丸山遺跡で縄文ロマンを体感

縄文時遊館で縄文時代をもっと身近に!

縄文時代を身近に感じられる楽しみがいろいろ。かわいいグルメやグッズにも出会えます。

たいけんこうぼう
体験工房

板状土偶や組みひも、縄文ポシェット、勾玉などの手作り体験を開催。予約不要、1名からOK。¥220円〜
🕘9時30分〜15時※体験により異なる

れすとらんごせんねんのほし
れすとらん五千年の星

土偶クッキーがのった縄文パフェ880円、陸奥湾産ホタテを3種の料理で味わえる発掘プレート1200円など多彩なメニューを提供。
🕚11〜15時

みゅーじあむしょっぷ
ミュージアムショップ

手作りの縄文マグネットや組みひもキーホルダー各400円など、縄文文化をモチーフにしたアイテムを豊富に揃える。
🕘9〜17時

📖 ボランティアガイドと一緒に回ることもできます。1日8回開催、所要時間は約50分。開始時間はHPで確認を。

青森県立美術館で浸る 青森ゆかりのアート作品

棟方志功や奈良美智ら青森県出身のアーティストの作品を展示する
青森県立美術館。多彩なアートにふれて、豊かな時間を過ごしませんか。

あおもり犬（あおもりけん）
国内外で高い評価を得る現代美術家・奈良美智（弘前市出身）の2005年の作品。高さ約8.5m、横幅約6.7m。屋外空間に設置されており、直接触れることができる。

▲美術館のシンボル的存在の巨大な立体作品
Artwork © Yoshitomo Nara,Photo © Daici Ano

あおもりけんりつびじゅつかん
青森県立美術館
シャガールの作品も楽しめる白い美術館

約5000点の作品を所蔵する県内屈指の美術館で、青森県出身アーティストの作品を鑑賞できる。シャガールが描いたバレエの演目『アレコ』の背景画を展示したホールもみどころ。展示内容は時期により変更の場合あり。

☎017-783-3000 ⏺青森市安田近野185 ¥常設展510円（企画展は別途、あおもり犬と森の子は無料）⏺9時30分〜17時（入館は〜16時30分）⏺第2・4月曜（祝日の場合は翌日、展示替えなどにより変更や臨時休館の場合あり）⏺JR新青森駅からあおもりシャトルdeルートバス（ねぶたん号）で11分、県立美術館前下車すぐ、またはJR青森駅から青森市営バス三内丸山遺跡前行きで20分、県立美術館下車すぐ ⏺400台 ⏺MAP付録P9B3

●Miss Forest/森の子（みすふぉれすともりのこ）
奈良美智の2016年の作品。開館10周年を記念して制作された乳白色のブロンズ像で、高さ約6m。南側トレンチにある「八角堂」で見ることができる。

◀天に向かって伸びる頭部が印象的
Photo ©Yuki Morishima(D-CORD)
Artwork ©Yoshitomo Nara

趣向を凝らした美術館イベント

青森県立美術館ではコレクション展・企画展のほか、アレコホールでの演奏会、シアターでの朗読劇や映画などさまざまなイベントを開催。開催日時は公式サイトなどでチェックしよう。

●花矢の柵（はなやのさく）

力強い作品を生み出した板画家・棟方志功（青森市出身）の昭和36年（1961）の作品。アイヌ民族が儀式の際に放つ花矢を女神が手にする様子が描かれている。

◀縦約2.2m×横約7mの作品。郷土の発展を願い、北から南へ文化を発信する意図で制作

●ウルトラマン（うるとらまん）

ウルトラマンシリーズや特撮もののヒーローなどを多数デザインした成田亨（青森市出身）。初代ウルトラマンのデザインの原形となったデザイン画。

◀着想当初の絵のため、胸元のカラータイマーは付いていない
成田亨〈ウルトラマン〉1966年
©Narita／TPC

▲隣接する三内丸山遺跡から着想を得たという白い建物

レストラン＆おみやげもチェック

cafe 4匹の猫（かふぇ よんひきのねこ）

地元食材を使った料理やスイーツ、企画展に合わせたメニューを提供。メニューブックは芸術家・山内文夫による絵本風のデザイン。あべ鶏のチキンカレー980円。

☎017-761-1401 ⏰10時30分～16時30分 ㊡美術館に準ずる

▲ブランド鶏と県産リンゴを使用

ミュージアムショップ（みゅーじあむしょっぷ）

地元出身作家の作品をモチーフにしたグッズや、美術館のロゴ入りアイテム、美術関連書などが揃う。ショップのみの利用も可能。

☎017-761-1420 ⏰9時30分～17時 ㊡美術館に準ずる

▲奈良美智の作品をモチーフにしたぬいぐるみPup2420円
©Yoshitomo Nara

📖 「cafe 4匹の猫」ではアップルパイやリンゴのシャーベットなど、青森県産リンゴを使ったスイーツで一息つくのもおすすめです。

ふむふむ
コラム
fumu fumu

世界遺産に登録された
縄文遺跡群ってどんなところ？

2021年7月、「北海道・北東北の縄文遺跡群」が世界文化遺産に登録されました。
青森県内の構成資産は8カ所。北の大地で歴史ロマンを体感しましょう。

登録名は「北海道・北東北の縄文遺跡群」
世界遺産に評価されたポイントとは？

採集、漁労、狩猟により定住した縄文時代の人々の生活と、精神文化を今に伝える貴重な文化遺産。ブナ林を中心とする森林や豊かな漁場に恵まれ、集落や墓地、祭祀・儀礼の場である環状列石など、人々の生活の実態を示す17の遺跡からなり、そのうち8つの遺跡が青森県に残されている。青森県内の縄文遺跡群からは、自然の恵みをうまく活用しながら北東北で暮らした縄文人の様子がうかがえる。

縄文時代はどんな時代？

紀元前1万3000年ごろに始まった縄文時代は、草創期、早期、前期、中期、後期、晩期の6つに区切られるほど長く続いた時代。人々は集落を形成し、猪の狩猟や鮭の捕獲、シジミなどの貝を集めて食べており、狩猟生活のパートナーとして犬と一緒に生活していたことが知られている。土器の表面に縄を転がせてつけた文様が特徴の、縄文土器を使用していた。

▶縄文時遊館ではミニ土偶作りも楽しめる

▼多くの建物跡が見つかっており、高床式建物も復元されている

大型掘立柱建物（復元）

縄文時代を伝える復元建物がたくさん！

青森市 約5900〜4200年前
とくべつしせきさんないまるやまいせき
① 特別史跡三内丸山遺跡

縄文時代前期〜中期の長期にわたり定住生活が営まれた日本最大級の集落跡。2000点を超える土偶が出土するなど、縄文人の豊かな暮らしぶりや遠方との交流がうかがえる。敷地内には出土品の見学や縄文グルメなどを楽しめる縄文時遊館がある。☞P80

▲大型竪穴建物（復元）

つがる市 約3000〜2400年前
かめがおかせっきじだいいせき
② 亀ヶ岡石器時代遺跡

縄文時代晩期の大規模な共同墓地。漆塗りの土器や漆器、重要文化財に指定された「遮光器土偶」などが出土し、精神性・芸術性の高さが感じられる。木造亀ヶ岡考古資料室 縄文館では、精巧な「亀ヶ岡式土器」や漆器を公開している。

「しゃこちゃん」のふるさと

①近江野沢地区から出土した遮光器土偶 ②広場には遮光器土偶がモチーフになった「しゃこちゃん」の像が立つ

☎0173-49-1194（つがる市教育委員会文化財課）㊐つがる市木造亀ヶ岡 ¥◉見学自由 ⊗JR木造駅から車で20分 ㋿あり／木造亀ヶ岡考古資料室 ㊐つがる市木造館岡上稲元176-84 ¥入館200円 ◷9〜16時 ㊡月曜（祝日の場合は翌日）、祝日の翌日（土・日曜、祝日は開館、翌平日休み）ⓂP125A3

地図

北海道
② 亀ヶ岡石器時代遺跡
⑥ 田小屋野貝塚
⑦ 大平山元遺跡
太平洋
津軽海峡
縄文時遊館
① 特別史跡三内丸山遺跡
⑧ 二ツ森貝塚
小川原湖
青森県
⑤ 大森勝山遺跡
③ 小牧野遺跡
N
30km
十和田湖
是川石器時代遺跡 ④
秋田県
大湯環状列石
伊勢堂岱遺跡
御所野遺跡
岩手県
八郎潟

❸ 小牧野遺跡

青森市 約4000年前
こまきのいせき

▼パネルや模型などが並ぶ縄文の学び舎・小牧野館

縄文時代後期前半に大規模な土木工事によって造成した環状列石を主体とした遺跡。縄文人が祭祀や儀礼を行った場所といわれる。直径55mのストーンサークルは日本最大級。縄文文化を解説する縄文の学び舎・小牧野館から徒歩25分。☎017-757-8665(縄文の学び舎・小牧野館)🏠青森市野沢沢部108-3 ⏰見学無料 🕘9〜17時 🈳無休(冬期閉鎖)🚃JR青森駅から車で30分 Ⓟ30台 MAP P123F2

「小牧野式」とよばれる石の組み方のストーンサークル

縄文人の祈りと願いの地

❹ 是川石器時代遺跡

八戸市 約5900〜2400年前
これかわせっきじだいいせき

一王寺、堀田、中居の3遺跡からなる縄文時代前期から弥生時代前期までの集落跡。隣接する是川縄文館では、遺跡から出土した土器や土偶、漆塗り製品など貴重な遺物を多数展示。国宝「合掌土偶」も見られる。遺跡は見学不可。

☎0178-38-9511(八戸市埋蔵文化財センター是川縄文館)🏠八戸市是川横山1 ⏰入館250円 🕘9〜17時(入館は〜16時30分)🈳月曜(祝日の場合は翌日)🚃JR本八戸駅から車で15分 Ⓟ90台 MAP P121E4

精巧な土器が多数出土

▶対岸の風張遺跡から出土した合掌土偶。約3500年前頃と推定される。高さ19.8cm
▼芸術性を備えた出土品などを展示

❺ 大森勝山遺跡

弘前市 約3000年前
おおもりかつやまいせき

見事な環状列石を眺める

77基の組石が配置された環状列石や大型竪穴建物跡がある。近くには弘前市立裾野地区体育文化交流センターがあり、出土品を展示している。☎0172-82-1642(弘前市教育委員会文化財課)🏠弘前市大森勝山 ⏰🕘🈳見学自由(冬期閉鎖)🚃JR弘前駅より車で40分 Ⓟあり/弘前市立裾野地区体育文化交流センター 🏠弘前市大字十面沢字轡8-9 ⏰入館無料 🕘9〜21時 🈳月曜(祝日の場合は翌日)MAP P123D2

縄文時代晩期の環状列石が残る

❻ 田小屋野貝塚

つがる市 約6000〜4000年前
たごやのかいづか

岩木川沿いに栄えた集落跡

海進期に形成された内湾である古十三湖のそばにある貝塚を伴う集落跡。竪穴建物跡のほか、貝塚、捨て場などが発見され、ベンケイガイの貝輪も出土。☎0173-49-1194(つがる市教育委員会文化財課)🏠つがる市木造館岡田小屋野 ⏰🕘🈳見学自由 🚃JR木造駅から車で20分 Ⓟあり/つがる市縄文住居展示資料館カルコ 🏠つがる市木造若緑59-1 ⏰入館200円 🕘9〜16時 🈳月曜(祝日の場合は翌日)、祝日の翌日(土・日曜、祝日は開館、翌平日休み)MAP P125A3

発掘調査の様子などを説明版で解説

❼ 大平山元遺跡

外ヶ浜町 約1万5000年前
おおだいやまもといせき

自然環境に適応した暮らし

陸奥湾に注ぐ蟹田川の段丘上にある遺跡で、遊動から定住へと生活が変化したことを示す縄文時代開始直後のもの。外ヶ浜町大山ふるさと資料館では出土品を展示。☎0174-22-2577(外ヶ浜町大山ふるさと資料館)🏠外ヶ浜町大山平兀 ⏰🕘🈳見学自由 🚃JR蟹田駅から車で10分 Ⓟあり/外ヶ浜町大山ふるさと資料館 🏠外ヶ浜町蟹田大平沢辺34-3 ⏰入館無料 🕘9〜16時 🈳月曜(祝日の場合は翌日)MAP P125B2

1万5000年以上前の土器も出土

❽ 二ツ森貝塚

七戸町 約5500〜4000年前
ふたつもりかいづか

小川原湖の大規模貝塚

小川原湖西岸にある集落跡。巨大な貝塚をもち、ヤマトシジミなどの貝類や魚、ほ乳類の骨が出土。車で2分ほど離れた場所にガイダンス施設「二ツ森貝塚館」がある。☎0176-68-2612(二ツ森貝塚館)🏠七戸町貝塚家ノ前地内 ⏰🕘🈳見学自由(入場は日没まで、冬期閉鎖)🚃JR七戸十和田駅から車で15分 Ⓟあり/二ツ森貝塚館 🏠七戸町鉢森平181-26 ⏰入館無料 🕘10〜16時 🈳月曜(祝日の場合は翌日)、祝日の翌日 MAP P121D2

二ツ森貝塚史跡公園として整備されている

ふむふむコラム● 縄文遺跡群ってどんなところ?

出典:JOMON ARCHIVES

ココにも行きたい

青森タウンのおすすめスポット

青森市街
むなかたしこうきねんかん
棟方志功記念館

世界的な板画家の偉業を紹介

青森市出身の板画家・棟方志功の板画や油絵など30〜40作品を展示。板木や愛用した道具類などを収蔵。展示替えも年4回。代表作の板画『二菩薩釈迦十大弟子』は常設展示している。**DATA**☎017-777-4567 **住**青森市松原2-1-2 **¥**入館550円 **時**9時30分〜17時(4〜10月は9時〜) **休**月曜(祝日の場合は開館) **交**バス停棟方志功記念館前からすぐ **P**29台 **MAP**付録P10F4

青森市郊外
あおもりけんきんだいぶんがくかん
青森県近代文学館

郷土が生んだ文豪ゆかりの品を展示

寺山修司ら県出身作家の自筆原稿や遺品を公開。作家の生涯についても学べる。初版本や写真などを展示する太宰治コーナーもみどころ。**DATA**☎017-739-2575 **住**青森市荒川藤戸119-7 **¥**入館無料 **時**9〜17時 **休**第4木曜、奇数月の第2水曜、蔵書点検期間 **交**JR青森駅から青森市営バス青森朝日放送行きで20分、社会教育センター前下車すぐ **P**323台 **MAP**付録P8D4

青森市郊外
あおもりこうりつだいがくこくさいげいじゅつせんたーあおもり
青森公立大学 国際芸術センター青森

森を散策しながら野外アートを鑑賞

アーティストの滞在制作を中心としたアートセンター。展覧会やワークショップなども開催。**DATA**☎017-764-5200 **住**青森市合子沢山崎152-6 **¥**入館無料 **時**9〜19時(展覧会は10〜18時) **休**不定休 **交**JR青森駅から青森市営バスモヤヒルズ行き、またはJRバス公立大・モヤヒルズ行きで40分、青森公立大学前下車、徒歩3分 **P**100台 **MAP**P120A2

青森駅周辺
かきげん
柿源

新鮮な陸奥湾産ホタテを存分に

大正7年(1918)創業のホタテ料理専門店。鮮度抜群の陸奥湾産ホタテを刺身や絶妙な火加減で仕上げる焼きもの、フライなどで楽しめる。帆立塩焼き1450円(奥)、帆立フライ1450円(手前)などのメニューを揃える。**DATA**☎017-722-2933 **住**青森市新町1-8-9 **時**11時30分〜20時LO **休**無休 **交**JR青森駅から徒歩5分 **P**なし **MAP**付録P11B3

青森駅周辺
えふず てーぶる
F's table

地産地消ビストロで旬を満喫

シェフの出身地・深浦町を中心に、青森の旬の食材を味わえる。新鮮な魚介や野菜のおいしさを引き出した多彩な料理を提供。週替わりパスタランチ900〜1200円、白身魚のポワレ1500円〜など。**DATA**☎017-757-9975 **住**青森市古川1-19-2 **時**11時30分〜13時30分LO、17〜23時(金・土曜は〜24時) **休**月曜のランチ、日曜 **交**JR青森駅から徒歩7分 **P**なし **MAP**付録P11B3

青森市街
れすとらん らゔぃ
レストラン ラヴィ

地元食材を華麗なフレンチで

ゆっくりと食事を楽しめる一軒家フレンチ。青森県産食材を使うことを心がけ、塩分や油脂の使用を控えるなど、食べる人の健康を考えた料理を作る「あおもり食命人」のシェフが腕をふるう。おすすめはオリジナルコース4000円。**DATA**☎017-777-1757 **住**青森市橋本1-8-19 **時**11時30分〜14時LO、17〜21時LO **休**日・月曜 **交**バス停ホテル青森前から徒歩3分 **MAP**付録P10E3

青森市街
ふらんすりょうり ぽみえ
フランス料理 ポミエ

贅沢あおもりキュイジーヌ

創業30年以上のフレンチレストラン。本場で修業したオーナーシェフの料理を堪能できる。フランスの伝統技法と青森の食材が融合した料理が好評。Bコース(ランチ)3630円。**DATA**☎017-735-7057 **住**青森市堤町1-2-3-15 **時**11時30分〜13時30分LO、17時30分〜20時30分LO(日曜、祝日は〜20時LO) **休**月曜、第1・3日曜 **交**バス停ホテル青森前から徒歩7分 **P**6台 **MAP**付録P10E4

青森駅周辺
うぃーんがし しゅとらうす
ウィーン菓子 シュトラウス

県産カシスを使ったケーキが人気

オーストリア国家公認の「コンディトア・マイスター」の資格を取得した先代オーナーが昭和62年(1987)に開業。格調高いカフェスペースでは、ザッハトルテ550円やカシスケーキ420円などを味わえる。**DATA**☎017-722-1661 **住**青森市新町1-13-21 **時**11〜16時(1階ショップは10時30分〜17時) **休**月・火曜(祝日の場合は営業、翌日休) **交**JR青森駅から徒歩8分 **P**10台 **MAP**付録P11B3

青森駅周辺
あかいりんごほんてん
赤い林檎本店

数量限定の焼きたてアップルパイ

老舗和菓子店「おきな屋」が手掛ける洋菓子店。ショソン・オ・ボムやハートアップルパイ(10月中旬〜6月上旬)、チーズアップルパイの3種類が人気。数量限定でテイクアウトもOK。なくなり次第終了。**DATA**☎017-722-7738 **住**青森市新町2-6-15 **時**10時30分〜17時30分(1階ショップは9時30分〜18時) **休**不定休 **交**JR青森駅から徒歩10分 **P**なし **MAP**付録P11C3

青森市街
きっさくれおぱとら
☕喫茶クレオパトラ

クラシカルな雰囲気が漂う純喫茶

旅行好きだったという初代店主が世界各地で集めた絵画や置物などが店内に並ぶ、老舗の喫茶店。スパイスを使ったスイーツやオリジナルのフレッシュジュースが名物。おすすめは、チョコレート味のスポンジでシナモンクリームを挟んだシナモンケーキ400円。DATA☎017-722-7778 ⊞青森市新町2-8-4 ◐7～17時 ㊡月曜 ㊋JR青森駅から徒歩15分 Pなし MAP付録P11C3

青森市街
なちゅーる かふぇ
🍮NATURE CAFE

プリン専門店がプロデュース

新郷村産のミルクで作ったプリンに田子町産の卵黄がのるあおもり生プリン660円（店内飲食時）など、県産食材を使ったスイーツが人気。ふわふわあおもりパンケーキプレーン（シングル）704円もおすすめ。あおもり生プリンはおみやげとしても販売。DATA☎017-752-1761 ⊞青森市橋本2-19-13 ◐11～16時 ㊡水曜 ㊋バス停ホテル青森前から徒歩5分 P13台 MAP付録P10E4

青森市郊外
あおもりしゅんみかん
🛍あおもり旬味館

新幹線に乗る前のおみやげ探しに

新青森駅1階のおみやげ売り場にはハズせない定番アイテムからトレンドの新商品までずらり。幅広いジャンルの特産品が手に入る。DATA☎017-752-6557 ⊞青森市石江高間140-2 JR新青森駅1階 ◐9～19時（季節や店舗により異なる）、コンビニエンスストア6時30分～20時30分（変更の場合あり）㊡不定休 ㊋JR新青森駅1階 P西口961台、南口74台 MAP付録P9A2

青森駅周辺
みのつきしゃ
🛍三ノ月舎

青森メイドのクラフト雑貨が並ぶ

青森県出身の作家などの手しごとの逸品を販売するセレクトショップ。店内にはこぎん刺しやこけし、つまみ細工、陶器、アクセサリーなどぬくもりあふれる品々が並ぶ。オリジナルグッズも好評。DATA☎017-774-3033 ⊞青森市柳川1-2-3 ラビナ2階 ◐10～20時 ㊡ラビナに準ずる ㊋JR青森駅からすぐ P264台（ラビナ駐車場を利用）MAP付録P11A2

青森駅周辺
あおいもりわんど
🛍青い森わんど

リンゴを使った新感覚の調味料

「りんごをもっと楽しくおいしく」をコンセプトに、味噌や醤油、バター、ケチャップなどリンゴを使ったオリジナル調味料を取り揃える。単品1個432円、木箱3個入り1944円、木箱6個入り3456円。DATA☎017-777-6345 ⊞青森市安方1-11-10 大王ビル1階 ◐9時30分～18時 ㊡火曜（青森ねぶた祭期間中は営業）㊋JR青森駅から徒歩5分 Pなし MAP付録P11B2

青森駅周辺
あおもり ぶりゅー ぱぶ
🍺Aomori Brew Pub

青森市初のクラフトビール醸造所

弘前市のクラフトビール醸造所「Be Easy Brewing」直営、醸造所併設のボトルショップ。店内醸造ビールと弘前醸造ビール、国内外のクラフトビールを約150種販売。青森市の地名がネーミングされた店頭限定販売のビールもある。角打ちも可。DATA☎017-711-8254 ⊞青森市安方1-5-11ギャレスビル2階 ◐10～19時 ㊡月～木曜 ㊋JR青森駅から徒歩5分 Pなし MAP付録P11B2

煮干しのうまさが際立つ 青森名物「津軽ラーメン」

イワシの焼き干しや煮干しを使ったスープが特徴。個性が光る一杯を楽しもう！

青森駅周辺
ながおちゅうかそば あおもりえきまえてん
長尾中華そば 青森駅前店

濃厚スープがたまらない！

煮干しスープに鶏・豚のスープを合わせた「こく煮干し」850円（中）が人気。DATA☎017-773-3715 ⊞青森市柳川1-2-3ラビナ駐車場1階 ◐7時～20時45分LO ㊡月曜（祝日の場合は翌日）㊋JR青森駅からすぐ P264台（ラビナ駐車場を利用）MAP付録P11A3

青森駅周辺
くどうらーめん
くどうラーメン

食べ飽きないあっさり味

平舘産イワシの焼き干しと鶏ガラ、豚骨などで作るスープはすっきりとした味わい。麺は自家製の縮れ麺。ラーメン（中）550円。DATA☎017-722-6905 ⊞青森市新町1-14-14 ◐8～15時 ㊡不定休 ㊋JR青森駅から徒歩7分 P3台 MAP付録P11B3

青森駅周辺
まるかいらーめん
まるかいラーメン

煮干スープともちもち麺の組合せ

鳥取県の境港産と千葉県産の煮干しをまるごと使ったスープはキレがあり、もちもち食感の自家製麺と好相性。醤油らーめん（中）650円。DATA☎017-722-4104 ⊞青森市安方2-2-16 ◐10～18時 ㊡日曜 ㊋JR青森駅から徒歩10分 P15台 MAP付録P11B2

📖 意外な組合せがクセになる「味噌カレー牛乳ラーメン」も青森のご当地ラーメン。「味の札幌 大西」（MAP付録P11B3）などで味わえます。

青森タウン ● ココにも行きたい おすすめスポット

青森タウンからひと足のばして
陸奥湾沿いの浅虫温泉でのんびり

青森市街から電車で20分、車で30分ほどの場所にある浅虫温泉。
陸奥湾沿いにある風情あふれる温泉街でリフレッシュしましょう。

➕ あさむしおんせん
浅虫温泉って
こんなところ

平安時代の開湯といわれる温泉地。穏やかな海の景観が魅力だ。青森市の市街地からほど近く、"青森の奥座敷"とよばれることも。日帰り入浴もできる宿が並ぶ。
☎017-752-3250(浅虫温泉観光協会)
☎017-752-3259(浅虫温泉旅館組合)
🚃青森駅から青い森鉄道で20分、浅虫温泉駅下車
MAP P121F1〜2

1 陸奥湾に面し、オーシャンビューの宿が点在する浅虫温泉街。海釣り公園やビーチもある
2 浅虫観光港から西北800mの沖合いにある「湯ノ島」

🏯🍵♨🚭 つばきかん
椿館

江戸時代に浅虫温泉初の宿として創業。日本を代表する青森出身の板画家・棟方志功が投宿したこともある。ロビーには作品が展示され、自由に鑑賞できる。9本もの自家源泉から湧く湯を、かけ流しで満喫しよう。

棟方志功ゆかりの宿
湯量豊富な温泉が人気

◀男女別の内湯は露天風呂付き

✢ 1泊2食付料金 ✢
平日 1万1150円〜
休前日 1万3350円〜
✢ 時間 ✢
IN 15時 OUT 10時

☎017-752-3341 🏠青森市浅虫内野14 🚃青い森鉄道浅虫温泉駅から徒歩7分 🅿30台 🛏25室(和室25) ●1995年改装 風呂:内湯男女各1、露天男女各1 貸切1(チェックイン時予約) MAP P121F2

🏊♨🍵🚭♨🏯 なんぶや・かいせんかく
南部屋・海扇閣

9階にある展望浴場が自慢。眼下に陸奥湾が広がる絶景を眺めながら湯浴みが楽しめる。露天風呂も併設。1階ロビーでは、津軽弁を交えた津軽三味線のライブを毎日20時45分から開催。

陸奥湾を見渡す展望風呂が自慢

◀海岸沿いにある温泉旅館

✢ 1泊2食付料金 ✢
平日 1万7750円〜
休前日 1万7950円〜
✢ 時間 ✢
IN 15時 OUT 10時

☎017-752-4411 🏠青森市浅虫蛍谷31 🚃青い森鉄道浅虫温泉駅から徒歩2分 🅿80台 🛏87室(和室64 洋室22 和洋室1) ●1997年開業 風呂:内湯男女各1 露天男女各1 MAP P121F2

立ち寄りスポット

あおもりけんえいあさむしすいぞくかん
青森県営浅虫水族館

☎017-752-3377 🏠青森市浅虫馬場山1-25 💴入館1030円 🕘9〜17時(入館は閉館30分前まで) 🈚無休 🚃青い森鉄道浅虫温泉駅から徒歩10分 🅿418台 MAP P121F1

つるかめやしょくどう
鶴亀屋食堂

☎017-752-3385 🏠青森市浅虫蛍谷293-14 🕘11〜15時 🈚無休 🚃青い森鉄道浅虫温泉駅から徒歩5分 🅿18台 MAP P121F1

▲まぐろ丼2750円

🏯源泉かけ流し 🍽部屋食 💆エステ有り 🚭禁煙ルーム有 ♨大浴場有 🧍ひとり宿泊OK

せっかくの旅ですもの
ひと足のばして青森県をもっと楽しんで

北へ向かえば恐山や大間崎のある下北半島、
東には港町・八戸、西には世界遺産の白神山地。
各地にみどころが点在する青森県は訪れるほどに
新しい魅力を感じることができます。

これしよう！

本州最北端まで爽快ドライブ

尻屋崎や恐山、大間崎など、1泊2日で下北半島の魅力を存分に（☞P98）。

これしよう！

八戸の市場で名物を味わおう

日本最大規模を誇る朝市「館鼻岸壁朝市」などでお買物（☞P104）。

これしよう！

津軽鉄道に乗って太宰治の出生地へ

津軽鉄道に乗って金木まで。太宰の生家「斜陽館」などを見学（☞P94）。

魅力的なみどころがまだまだあります

周辺エリアはやわかり

文豪・太宰治ゆかりの地、津軽半島・下北半島の絶景ドライブ、八戸の名物市場などバラエティーに富んだ楽しみがいっぱい。せっかく青森を訪れたなら、周辺まで足をのばすのがおすすめです。

access

●五所川原へ
【鉄道】新青森駅からJR奥羽本線で 29分、川部駅下車。JR五能線に乗り換えて34分、五所川原駅。金木へは津軽五所川原駅から津軽鉄道で24分
【車】津軽自動車道浪岡ICから約13kmで五所川原IC、五所川原ICから一般道約4kmで五所川原市街
●八戸へ
【鉄道】八戸駅からJR八戸線で8分で本八戸駅、24分で種差海岸駅
【車】八戸自動車道八戸ICから県道29号、国道340号約5kmで八戸市街
●下北半島へ
【鉄道】青森駅から青い森鉄道で44分、野辺地駅下車。JR大湊駅に乗り換えて快速45分/普通57分、下北駅※八戸駅から野辺地駅へは青い森鉄道で45分
【車】下北半島縦貫道路横浜吹越ICから国道279号約36kmでむつ市街

～周辺エリア はやわかりMAP～

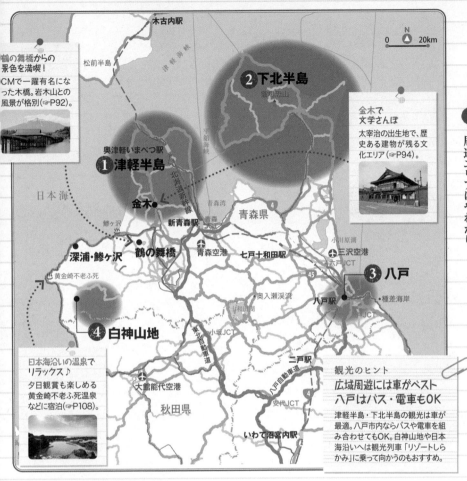

鶴の舞橋からの
景色を満喫！
CMで一躍有名にな
った木橋。岩木山との
風景が格別(☞P92)。

2 下北半島
恐海恐山

金木で
文学さんぽ
太宰治の出生地で、歴
史ある建物が残る文
化エリア(☞P94)。

1 津軽半島
奥津軽いまべつ駅
北海道新幹線

日本海

金木●
鯵ヶ沢
新青森駅
青森湾
青森
青森県

深浦・鯵ヶ沢
鶴の舞橋
青森空港
七戸十和田駅

小川原湖
三沢空港
下田JCT

黄金崎不老不死
奥入瀬渓流
45
八戸駅

3 八戸
種差海岸
JCT

4 白神山地
青森山地
小坂JCT
東北自動車道

日本海沿いの温泉で
リラックス♪
夕日観賞も楽しめる
黄金崎不老ふ死温泉
などに宿泊(☞P108)。

二戸駅

大館能代空港
八戸自動車道
安代JCT

秋田県

いわて沼宮内駅

観光のヒント
**広域周遊には車がベスト
八戸はバス・電車もOK**
津軽半島・下北半島の観光は車が
最適。八戸市内ならバスや電車を組
み合わせてもOK。白神山地や日本
海沿いへは観光列車「リゾートしら
かみ」に乗って向かうのもおすすめ。

0   20km
N

周辺エリアはやわかり

まだまだあります魅力的なエリア

1 津軽半島 つがるはんとう
起伏ある地形を生かした
ドライブコースを駆け抜
け、絶景とご当地グルメ
を満喫しよう(☞P96)。

2 下北半島 しもきたはんとう
景勝地が多数ある本州
最北の地へ1泊2日のド
ライブ。マグロやウニなど
の魚介は必食(☞P98)。

3 八戸 はちのへ
シーサイドドライブや市
場での買物など、港町
ならではの楽しみがいっ
ぱい(☞P102)。

4 白神山地 しらかみさんち
初心者でも気軽にチャレ
ンジできる十二湖コース
では青池などを見られる
(☞P106)。

※そのほかエリアの交通はP110～の交通ガイドを参照

日本一長い木造三連太鼓橋
「鶴の舞橋」で楽しむ豊かな四季

弘前
車で約4

廻堰大溜池（津軽富士見湖）に架かる全長300mの木造三連太鼓橋「鶴の舞橋」。
眺める時間、天候、季節によって表情が異なる、優美な橋を渡りましょう。

鶴の舞橋の楽しみ1
季節・時間で変わる多彩な表情

つるのまいはし
鶴の舞橋

岩木山を背景に架かるアーチ橋

完成は平成6年（1994）。丸太3000本、板材3000枚を使った青森県産総ヒバ造りで、鶴田町のシンボル・丹頂鶴がモチーフ。「長い木＝長生き」と「鶴」にちなみ、縁起のいい橋としてわたる人も多い。橋をはさんで、南に富士見湖パーク、北に丹頂鶴自然公園がある。

☎0173-22-2111（鶴田町企画観光課）🏠鶴田町廻堰大沢81-150 ¥🕐休見学自由（冬期、大荒れの天気の際は通行止の可能性あり）🚗JR陸奥鶴田駅から車で10分 🅿富士見湖パーク駐車場利用（一部有料、冬期一部利用不可）MAP
P123D1

こんな表情を楽しめます

春

「津軽富士」と称される岩木山と橋、湖が織りなす絶景に桜が彩り添える

朝焼け
朝霧に包まれた様子も幻想的。八甲田の山々を望み、オレンジ色に染まる鶴の舞橋は、富士見湖パークから眺められる

鶴の舞橋の楽しみ2
ご当地グルメでひと休み

つるのまいはしかんこうしせつ ここにもあるじゃ
鶴の舞橋観光施設
ここにもあるじゃ

鶴田町の特産品が揃う

富士見湖パーク内にあり、館内にはフードコートやみやげ売り場などが揃う。とんかつとメンチカツで鶴の舞橋をイメージした鶴の舞橋カレーや、鶴田町の特産品のスチューベンを使ったソフトクリームなどご当地グルメでひと息つこう。

☎0173-22-6211 🏠鶴田町廻堰大沢81-619 🕘9〜17時（11〜3月は10〜15時）🈚無休 🚃JR陸奥鶴田駅から車で10分 🅿富士見湖パーク駐車場利用（一部有料、冬期一部利用不可）MAP P123D1

▼鶴の舞橋カレー1200円。サラダドレッシングにスチューベンを使用

▲スチューベンソフトクリーム350円。豊かな甘みと香りを楽しめる

▲白、赤、黒と丹頂鶴をイメージしたカラーリングの外観

冬 橋や遊歩道の除雪をしているため、冬期も通行可能（荒天時は通行止の場合あり）

夕焼け 日没〜21時まで橋の欄干のライトが点灯する。日中とは違った雰囲気を楽しめる

📖 富士見湖パークは遊具など も ある広大な公園。丹頂鶴自然公園ではつがいの丹頂鶴が飼育されています。

金木出身の文豪
太宰治の足跡をたずねて

弘前駅から
電車で1時間30分

小説『走れメロス』などで知られる太宰治生誕の地、金木。
生家などが残るレトロな街並みを眺めながら、文学散歩へでかけてみては。

✛金木（かなぎ）ってこんなところ

当時の面影を残す太宰治ゆかりの地

明治42年（1909）、津軽有数の資産家の六男として生まれた
太宰治（本名；津島修治）。39年の短い生涯を閉じるまで『斜陽』
『走れメロス』『人間失格』『富嶽百景』『ヴィヨンの妻』など次々
と作品を発表した。金木駅の徒歩圏内にゆかりの地が点在する。

問合せ ☎0173-38-1515（五所川原市観光協会）
アクセス 津軽五所川原駅から津軽鉄道で24分、金木駅下車 MAP P125B3

▲寄木の廊下や贅沢な洋室があり、太宰の書斎も見学可

ぐるっと
回って
2時間

おすすめコース

Start 金木駅
↓徒歩4分
1 太宰治疎開の家
「旧津島家新座敷」
↓徒歩4分
2 太宰治記念館「斜陽館」
↓徒歩1分
3 雲祥寺
↓徒歩2分
4 南台寺
↓徒歩15分
5 芦野公園
↓徒歩1分
6 赤い屋根の喫茶店「駅舎」
↓徒歩すぐ
Goal 芦野公園駅

約2200㎡の
広々としたお屋敷

◀総工費は現在の
価格で7～8億円と
も ▼囲炉裏を備え
た板の間

だざいおさむそかいのいえ
「きゅうつしまけしんざしき」
太宰治疎開の家
「旧津島家新座敷」

終戦直後から23作品を書いた場所

東京と甲府の戦火を逃れ、太宰が妻
子とともに疎開した家。大正11年
（1922）築の木造家屋で、当時は斜
陽館の離れだった。

☎0173-52-3063 住五所川原市金木町
朝日山317-9 ¥入館500円（ショップは無料）
◐9～17時 休第1・3水曜 交津軽鉄道金木
駅から徒歩4分 P4台 MAP P95

だざいおさむねんかん「しやうかん」
太宰治記念館「斜陽館」

太宰が育った大豪邸

太宰誕生の2年前、明治40年（1907）
に建てられた入母屋造りの邸宅。太宰
が青森中学に進学するまでの少年期
を過ごした生家で、現在は記念館とし
て太宰の遺品や初版本など約600点
を収蔵。

☎0173-53-2020 住五所川原市金木町
朝日山412-1 ¥入館600円 ◐9～17時
休12月29日 交津軽鉄道金木町から徒歩
7分 P50台 MAP P95

うんしようじ
雲祥寺

小説『思ひ出』にも登場する寺

太宰が幼いころ、子守のタケによく連
れてこられたという寺。本堂には、通称
「地獄絵」といわれる寺宝の「十王曼
茶羅」が掛かる。タケは太宰に道徳を
教えるため、地獄絵を見せていた。

☎0173-53-2074 住五所川原市金木町
朝日山433 ¥境内自由（地獄絵は拝観
無料、法事などを除く8～16時）交津軽鉄道
金木駅から徒歩7分 Pなし MAP P95

③

▲鬼の詳細な描写に注目！

▶桜の見頃は例年4月
下旬〜5月上旬 ▼太
宰が少年の頃に遊んだ
という自然豊かな公園

⑤

⑤

▼かつて子どもたちのために
日曜学校を開いていた

④

読書好きの
太宰ゆかりの寺

⑥

建物は国の
登録有形文化財

▲リンゴを入れて味わうりんごジャ
ムーン珈琲400円

金木太宰治
ゆかりの地
200m N

芦野公園 ⑤
芦野公園駅
芦野公園前

⑥ 赤い屋根の喫茶店
「駅舎」
金木小
津軽鉄道
五所川原市
太宰治 思い出広場
金木幼稚園
⑥ 太宰治記念館
「斜陽館」
雲祥寺 ③
南台寺 ④ 金木市庁舎
照蓮院
斜陽館前 JA
金木駅前
金木駅
太宰治疎開の家
「旧津島家新座敷」 ①
339
2
2

---

④
なんだいじ
南台寺

太宰の生家・津島家の菩提寺

境内には一家の墓所のほか、津島家
が寄贈したという鐘楼堂もある。昭和
初期には日曜学校を開き、本の貸し
出しを行っていた。日曜学校について、
小説『思ひ出』でもふれている。

☎0173-52-2661 住五所川原市金木町朝
日山493 ¥休境内自由 交津軽鉄道金木
駅から徒歩8分 P10台 MAPP95

---

⑤
あしのこうえん
芦野公園

少年時代の遊び場

太宰が少年時代によく遊んだという
公園で、文学碑や太宰の銅像などが
立つ。園内には約1500本の桜が植
えられており、地元ではお花見スポッ
トとしても親しまれている。

☎0173-35-2111（五所川原市役所金木総
合支所）住五所川原市金木町芦野 ¥休
散策自由 交津軽鉄道芦野公園駅からすぐ
P100台 MAPP95

---

⑥
あかいやねのきっさてん「えきしゃ」
赤い屋根の喫茶店
「駅舎」

リンゴメニューが揃うカフェ

太宰の小説に登場する旧駅舎を利用
したノスタルジックなカフェ。生のふじ
りんごを使ったスリスリりんごカレー
770円などがある。

☎0173-52-3398 住五所川原市金木町
芦野84-171 ⏰10時〜16時30分LO 休水
曜 交津軽鉄道芦野公園駅隣 P5台 MAP
P95

📖「太宰治 思い出広場」（MAPP95）の壁には太宰の作品名を記したプレートが飾られています。

海と丘の絶景ポイントがいっぱい！津軽半島ビュードライブ

龍飛崎や十三湖など絶景ポイントが点在する津軽半島。
ダイナミックな景観を楽しめる爽快ドライブへGO！

START!
奥津軽いまべつ駅

おすすめコース
ぐるっと回って **3時間**

Start 奥津軽いまべつ駅
↓ 車で20分
1 潮騒橋・渚橋
↓ 車で35分
2 龍飛埼灯台
↓ 車で20分
3 竜泊ライン
↓ 車で30分
4 十三湖
↓ 車で2分
5 民宿ドライブイン和歌山
↓ 車で20分
6 髙山稲荷神社
Goal

津軽半島ドライブアドバイス
奥津軽いまべつ駅隣の道の駅にJRレンタカーの受付がある。車はJRレンタカーのある弘前駅や新青森駅などでも返却可。予約のうえ利用しよう。MAP P125B2

1 しおさいばし・なぎさばし
潮騒橋・渚橋

奇岩が連なる景勝地に架かる橋

高野埼灯台から海岸線へ下った場所にあり、奇岩・怪岩が連なる景勝地。岩場で釣りや磯遊びを楽しめる。

DATA ☎0174-35-3005（今別町産業建設課）住今別町袰月 Y⦿休見学自由 交JR奥津軽いまべつ駅から車で20分 P高野埼キャンプ場駐車場利用150台 MAP P125B1

▲潮騒橋（手前）と渚橋（奥）。津軽海峡の吹きつける強風に注意

▼日本唯一の階段国道（国道339号）へは徒歩10分

2 たっぴざきとうだい
龍飛埼灯台

海峡を行き交う船を眺めて

龍が飛び回っているかのような強風が吹き荒れることが龍飛崎の名の由来。高台の突端に龍飛埼灯台が立ち、隣接の展望台から北海道も望める。

DATA ☎0174-31-1228（外ヶ浜町産業観光課）住外ヶ浜町三厩龍浜 Y⦿休見学自由 交JR奥津軽いまべつ駅から車で30分 P75台 MAP P125A1

▲「日本の灯台50選」のひとつ龍飛埼灯台

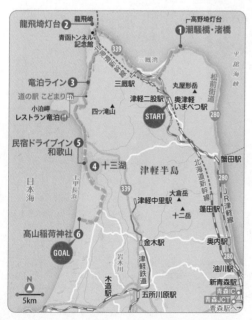

▲周りに配された池や草花が四季の彩りを添える

中泊メバル膳もおすすめ！

道の駅こどまりにある「レストラン竜泊」では漁獲量青森県一を誇る津軽海峡メバル（ウスメバル）を味わえる。メバルの刺身と煮付けが付く中泊メバル膳1800円。冬期休業。
☎0173-27-9300 MAP P125A2

5 みんしゅくどらいぶいんわかやま
民宿ドライブイン和歌山

名物のしじみらーめんは必食

海水と淡水が入り交じる十三湖は良質なヤマトシジミの産地。ラーメンをはじめ、十三湖しじみを使った料理を味わえる。 DATA ☎0173-62-2357 住五所川原市十三羽黒崎133-22 ⏰10～16時 休無休 交JR奥津軽いまべつ駅から車で40分 P30台 MAP P125A3

6 たかやまいなりじんじゃ
髙山稲荷神社

美しい鳥居がいくつも連なる

五穀豊穣、海上安全、商売繁盛の神様として地元で信仰されてきた歴史ある神社。龍神宮から神明社へとつながる千本鳥居の美しさは圧巻。 DATA ☎0173-56-2015 住つがる市牛潟町鷲野沢147-1 交JR奥津軽いまべつ駅から車で50分 Y⏰休境内自由 P100台 MAP P125A3

▶元祖特製しじみらーめん1150円

4 じゅうさんこ
十三湖

ヤマトシジミと夕日の名所

周囲約31.4km、水深約3mの日本海に面した汽水湖。ヤマトシジミの産地で、天然記念物のオオワシなどの貴重な鳥類も生息している。

DATA ☎0173-38-1515（五所川原市観光協会）住五所川原市十三 Y⏰休見学自由 交JR奥津軽いまべつ駅から車で40分 P中の島駐車場利用50台 MAP P125A3

▲龍飛崎寄りは右に左にうねる山道が続く

3 たつどまりらいん
竜泊ライン

海と山の絶景を望むドライブコース

龍飛崎と小泊を結ぶことから「竜泊ライン」とよばれる。龍飛崎からは急峻な山岳道路で、頂上に展望台・眺瞰台がある。小泊付近は絶景の海景色が続く。 DATA ☎0174-31-1228（外ヶ浜町産業観光課）☎0173-57-2111（中泊町水産商工観光課）Y⏰通行自由 休冬季閉鎖 MAP P125A1～2

▲中の島遊歩道橋で中の島ブリッジパークへ行ける

奥津軽いまべつ駅に隣接する道の駅いまべつ半島ぷらざアスクルには、いまべつ牛などを味わえるレストランも。

1泊2日で本州最北の地をぐるり！
下北半島絶景ドライブ

本州で最も北に位置する下北半島は絶景づくし！
1泊2日でめぐる魅力たっぷりのドライブコースをご紹介します。

START!
下北駅

青い海と空、緑の草原に白い灯台が映える

4〜11月青森県指定天然記念物の寒立馬（かんだちめ）が放牧されている
（放牧地は状況により変更あり）

1 しりやざき
尻屋崎

白亜の灯台と草を食む寒立馬
牧歌的な風景が広がる

下北半島の北東端にある岬。海辺にたたずむ白亜の
尻屋崎灯台は明治9年（1876）に点灯した東北初の
洋式灯台。4〜6月は寒立馬の出産シーズンのため、運
が良ければ仔馬の姿を見ることができるかもしれない。
☎0175-27-2111（東通村商工観光課）◉東通村尻屋字尻屋
崎1-1 ◉見学自由ゲート開放7時〜16時45分（4・11月8時〜
15時45分）◉無休（12〜3月はゲート閉鎖、寒立馬は越冬放牧
地「アタカ」へ移動）◉JR下北駅から車で40分 ◉30台 MAP
P124C1

岩場の先には湖畔の美しい風景が広がる

2 れいじょうおそれざん
霊場恐山

日本有数の霊場を参拝して
心静かな時間を

急坂を下って抜けると、そこは日本三大霊場
のひとつ、恐山の境内。地獄や浄土を思わせ
る荒涼とした景色に包まれる。➡P100

※冬期はむつ市〜佐井村周辺など一部道路が閉鎖。霊場恐山も閉山しているので事前に要確認。

4 おおまざき
大間崎

**マグロの一本釣りでも有名な
本州最北端の地**

目の前の弁天島には、白黒が印象的な大間埼灯台があり、日本の灯台50選に選ばれている。実物大のマグロ一本釣りのモニュメントもある。

☎0175-37-2111
(大間町産業振興課) 🏠大間町大間平17-1 ¥自由 休散策自由 🚗JR下北駅から車で時間10分 🅿町営駐車場利用117台
🗺P124A1

本州最北端の地を示す石碑が立つ

おすすめコース

ぐるっと回って
2日間

Start → 下北駅 → 車で50分 → 1 尻屋崎 → 車で1時間45分 → 2 霊場恐山 → 車で1時間30分 → 3 下風呂観光ホテル漁火の宿三浦屋 → 車で30分 → 4 大間崎 → 車で1時間 → 5 仏ヶ浦(仏ヶ浦行き定期観光船) → 車で1時間45分 → Goal 下北駅

ほとけがうら(ほとけがうらいきていきかんこうせん)
5 仏ヶ浦
(仏ヶ浦行き定期観光船)

**奇岩・怪岩が連なる
下北半島西岸の景勝地**

佐井港から遊覧船に乗り、海上から見学するのがおすすめ。仏ヶ浦に上陸して散策もできる。

☎0175-38-2244(仏ヶ浦海上観光株式会社) 🏠佐井村八幡堂28-5 ¥往復2500円(片道1300円)、1日4〜8便(往復所要約1時間30分) ※運行状況は公式サイトにて要確認 🕐4月下旬〜10月31日10時30分発、13時発の1日2便(臨時便あり) 休無休、冬期休業 🚗乗り場へはJR下北駅から車で1時間40分 🅿津軽海峡文化館アルサス駐車場利用100台 🗺P124A2

海底火山と隆起、波と風雨の浸食によって形成された

しもふろかんこうほてる いさりびのやど みうらや
3 下風呂観光ホテル
漁火の宿 三浦屋

**白濁湯で旅の疲れを癒やし
海鮮料理を満喫**

下風呂の良質な硫黄泉を堪能できる宿。全客室から津軽海峡が眺められる。ウニやイカなど新鮮な魚介を使った料理も好評だ。

☎0175-36-2311 🏠風間浦村下風呂70 ¥1泊2食付1万3350円〜 🕐IN15時／OUT10時 🚗JR下北駅から車で45分 🅿9台
🗺P124B1

GOAL!
🚩下北駅

湯治にも使われてきた名湯で癒やされて

立ち寄りSPOT

すかいれすとらん
スカイレストラン

むつ市のご当地グルメ・海軍コロッケがメインの海軍コロッケランチ1650円がおすすめ。シェフが趣向を凝らしたフレンチ風コロッケ2個などが付く。

☎0175-22-2331(むつグランドホテル) 🏠むつ市田名部下道4 むつグランドホテル11階 🕐11時45分〜13時30分LO、17〜20時LO 休無休 🚗JR下北駅から車で8分 🅿600台 🗺P124C2

しょくじどころまんじゅうや
食事処まんじゅうや

約160gの新鮮なキタムラサキウニがのった生うに丼3000円(5月〜8月上旬限定)が人気。通年メニューの大漁丼1800円もボリューム満点!

☎0175-38-4212 🏠佐井村大佐井112 津軽海峡文化館アルサス2階 🕐11〜14時 休不定休 🚗JR下北駅から車で1時間10分 🅿100台 🗺P124A1

おおまかんこうみやげせんたー
大間観光土産センター

加工品やお菓子、オリジナルグッズなど、マグロの街・大間ならではのおみやげが勢揃い。まぐろの塩辛860円(左)。マグロ各種は時価(右)。

☎0175-37-3744 🏠大間町大間平17-728 🕐8〜18時(11〜3月は9〜17時) 休無休 🚗JR下北駅から車で1時間10分 🅿町営駐車場利用50台 🗺P124A1

📖 むつ市のホタテは12〜7月、大間町のマグロは9〜12月、佐井村のウニは4〜8月が旬です。

ひと足のばして ●下北半島絶景ドライブ

全国屈指のパワースポット
霊場恐山で神秘の世界を体感

比叡山、高野山と並ぶ日本三大霊場のひとつとしても知られる恐山。
霊験あらたかな地を訪ね、心静かな時間を過ごしてみては。

✛ 霊場恐山（れいじょうおそれざん）って
こんなところ

恐山の入口にかかる太鼓橋

1200年以上にわたり
信仰を集める

恐山とは、宇曽利山湖を囲うように並ぶ八峰の総称のこと。貞観4年（862）、天台宗・慈覚大師が開山し、地蔵尊を祀ったのが始まりとされる。敷地内の白砂の浜は「極楽」に、火山ガスが噴出する一帯は「地獄」になぞらえられ昔から「人が死ねばお山へ行く」といわれてきた。

☎0175-22-3825（恐山寺務所）住むつ市田名部宇曽利山3-2 ⊕入山500円（宿坊1泊2食付1万2000円、休業の場合あり、要予約）🕐6〜18時（10月1〜31日は〜17時）※変更の可能性あり 休無休（11〜4月は閉山）🚌JR下北駅から下北交通バス恐山行きで43分、終点下車すぐ Ｐ300台 MAP P124B2

入山の前にチェック！

境内ガイド

霊場内を歩きながら、恐山の歴史や古くからの言い伝えなどを解説してくれる。個人ガイド（1〜5人）は3000円、所要は約1時間で事前予約が必要。当日の受付場所は、バス停恐山そばのガイド事務所で。※不在の場合あり

イタコの口寄せ

イタコとは巫女の一種。イタコが死者の霊をよび、その言葉を語る儀式を口寄せという。恐山大祭（7月20〜24日）と恐山秋詣り（10月、体育の日が最終日となる3日間）に恐山の境内でその姿を見られる。※イタコが来ない場合もあるので要問合せ

🚩 **1** さんずのかわ・たいこばし
三途川・太鼓橋

恐山を背景に架かる朱塗りの橋

この世とあの世の境にあるとされる三途川。その川に架かる朱塗りの太鼓橋は、罪人には針のように細く見えてしまい、渡ることができないといわれている。橋は通行不可。

太鼓橋のたもとには、三途川を渡ろうとする死者の衣服を剥ぎとる奪衣婆（だつえば）と、その衣服で生前に犯した罪の重さを量る懸衣爺（けんねおう）の2体の石像がある

見学時間 1時間30分 📷 ・おすすめルート → **1** 三途川・太鼓橋 → **2** 山門 → **3** 大師堂 → **4** 極楽浜・宇曽利山湖 → **5** 延命地蔵尊

境内にある4つの湯小屋で温泉を堪能

男湯「薬師の湯」、女湯「古滝の湯」、男女入れ替え制「冷抜の湯」、混浴「花染の湯」があり、参拝者は自由に入浴OK。白濁の硫黄泉が注がれている。いずれも脱衣所、洗い場はなし。タオルは売店で購入できる。

②さんもん
山門

参道を進みいよいよ入山

1989年に建立。門は二階層の造りで、左右に阿形と吽形の仁王像が並ぶ。2階には五百羅漢像が安置されている（一般見学は不可）。

山門そばの寺務所では御朱印などを受け付けている

③だいしどう
大師堂

慈覚大師を祀る

慈覚大師の弟子が一千体の仏像を彫り、山中に納めたと伝わる。ここにもたくさんの石が積まれ、独特の静けさ。

裏側には大師説法の地碑があり、極楽浜や宇曽利山湖の美しい景色を楽しめる

④ごくらくはま・うそりやまこ
極楽浜・宇曽利山湖

白浜と青い湖水が目の前に

湖の周囲は約12.5kmで、遠くに大尽山を望む。湖水は湖の底から湧く硫化水素により強い酸性となっている。湖畔には供養の花や風車が並ぶ。

亡くなった子どもを供養するための風車が回る

⑤えんめいじぞうそん
延命地蔵尊

荒涼とした地に見守るように立つ

境内を見渡す小高い丘の上に祀られている、ひときわ大きな像。参拝者を慈悲深い表情で静かに見守っている。

周辺には重罪地獄や金掘地獄などが並び、ガスが多く噴出する

恐山

地蔵山　剣の山
鶏頭山　奥の院　不動明王
③大師堂　大王石　本尊安置地蔵殿　薬師堂
血の池地獄　無間地獄
八角円堂　納骨塔　花染の湯
賽の河原　みたま石　冷抜の湯　宿坊「吉祥閣」
水子供養御本尊　⑤延命地蔵尊　龍神堂
震災慰霊塔　地獄谷　古滝の湯　薬師の湯　稲荷大明神
重罪地獄　塔婆堂　本堂　②山門
金掘地獄　どうや地獄　修羅王地獄　総門から山門まで約50m
胎内くぐり　無漏館　寺務所
食事処　蓮華庵
五智如来　入山受付所　売店
林崎　五智山　駐車場　三途川・大鼓橋から総門まで約450m
六大地蔵　恐山　総門
①三途川・太鼓橋

食事処「蓮華庵」ではうどん、そば、カレーなどの軽食を提供。売店には恐山せんべいなどが並んでいます。

三陸海岸屈指の景勝地をめぐる
種差海岸シーサイドドライブ

三陸復興国立公園にも指定され、絶景の海岸美を楽しめる種差海岸。
天然の芝生や美しい砂浜などに立ち寄りながらドライブ旅を満喫！

▼緑の芝生と青い海のコントラストが見事

おすすめコース ぐるっと回って約3時間

Start 八戸駅
↓ 車で30分
1 種差天然芝生地
↓ 車で1分
2 和風食事処 松家
↓ 車で7分
3 大須賀海岸
↓ 車で3分
4 中須賀
↓ 徒歩5分
5 葦毛崎展望台
↓ 車で30分
Goal 八戸駅

▲エアーベッドと布団、寝袋を完備する種差天然芝生地リトリートキャンプ

みちのく潮風トレイル(起点)
蕪嶋神社
5 葦毛崎展望台
八戸線
4 中須賀
鮫
鮫八幡宮
白銀
3 大須賀海岸
白浜海水浴場
淀の松原
陸奥白浜
太平洋
天照皇大神宮
種差海岸インフォメーションセンター
種差海岸
種差天然芝生地
和風食事処 松家 **2**
高岩展望台
種差天然芝生地
リトリートキャンプ
45
八戸市
← 八戸駅へ
大久喜
2km
N

1 たねさしてんねんしばふち
種差天然芝生地

波打ち際まで天然の芝生が続く景勝地。手ぶらで楽しめる「種差天然芝生地リトリートキャンプ」も話題（💴1テント2名2食付スタンダード4万6000円）。

☎0178-38-2024(種差観光協会) キャンプの問合せは0178-38-8420(ACプロモート) 🏠八戸市鮫町棚久保 🕐🈺休 散策自由 🚉JR種差海岸駅から徒歩3分 🅿普通68台、障がい者専用2台 MAP P121F4

2 わふうしょくどころ まつや
和風食事処 松家

種差天然芝生地そばにある老舗の食事処。名物の生うに丼2850円は刺身や煮魚、めかぶ味噌汁付き。定食、丼、麺類などメニュー充実。

☎0178-38-2428 🏠八戸市鮫町棚久保14 🕐11〜17時（変動あり）🈹不定休 🚉JR種差海岸駅から徒歩2分 🅿10台 MAP P121F4

▶生うに丼は5〜8月限定

3 大須賀海岸
おおすかかいがん

2.3km続く白砂の浜で、「日本の渚百選」に選ばれている。踏むとキュッとなる「鳴砂」の浜としても知られる。南側には白浜海水浴場が広がる。
☎0178-38-2024（種差観光協会）⏺八戸市鮫町日蔭沢 ⓎⓉ⑭散策自由 ⓈJR陸奥白浜駅から徒歩25分 Ⓟあり（若干数）ⓂⒶⓅP121F3

◀周辺は遊歩道も整備されている

4 中須賀
なかすか

ハマヒルガオなどの海浜植物とニッコウキスゲなどの高山植物の両方が咲く。その種類は600〜650種類にもおよぶといわれる。
☎0178-38-2024（種差観光協会）⏺八戸市鮫町日蔭沢 ⓎⓉ⑭散策自由 ⓈJR鮫駅から車で7分 Ⓟ葦毛崎展望台駐車場利用50台 ⓂⒶⓅP121F3

▲展望台は西洋の砦のようなユニークな形をしている

▲「花の渚」ともよばれる海岸。ニッコウキスゲの見頃は初夏

5 葦毛崎展望台
あしげざきてんぼうだい

岬の突端にあるため視界を遮るものがなく、大海原と海岸線の景色を一望できる。中須賀から展望台へは歩いて10分ほど。入り江に沿って整備された遊歩道を散策しよう。
☎0178-38-2024（種差観光協会）⏺八戸市鮫町日蔭沢 ⓎⓉ⑭散策自由 ⓈJR鮫駅から車で7分 Ⓟ50台 ⓂⒶⓅP121F3

こちらもチェック！

種差海岸インフォメーションセンター
たねさしかいがんいんふぉめーしょんせんたー

種差海岸の観光案内や体験プログラムを実施。隣のカフェでは八戸前沖サバの料理やデザートなどを販売。
☎0178-51-8500 ⏺八戸市鮫町棚久保14-167 Ⓨ9〜17時（12〜3月は〜16時）⑭無休 ⓈJR種差海岸駅から徒歩3分 Ⓟ普通68台、障がい者専用2台 ⓂⒶⓅP121F4

▲種差天然芝生地の目の前に立つ

みちのく潮風トレイル
みちのくしおかぜとれいる

青森、岩手、宮城、福島をつなぐ長距離自然歩道。種差海岸にもルートが設けられ、絶景を眺めながら歩ける。
Ⓢ起点はJR鮫駅からすぐ ⓎⓉ⑭散策自由 Ⓟなし ⓂⒶⓅP121F3
http://tohoku.env.go.jp/mct/

▲蕪島から高岩展望台を結ぶルートは約11.3km

📖 JR鮫駅〜種差海岸駅を結ぶ「ワンコインパス・うみねこ号」は乗車100円。1日7往復（冬期は土・日曜、祝日のみ4往復）。

とれたて海鮮の宝庫です
活気あふれる八戸の名物市場へ

青森県最大の港町・八戸には新鮮な魚介類が集まります。
買物も食事も楽しめる人気の市場で海鮮三昧といきましょう。

たてはながんぺきあさいち
館鼻岸壁朝市

早起きをしてでかけたい
全国屈指の巨大朝市

毎週日曜の早朝、館鼻岸壁に出現する日本最大級の朝市。約300もの露店と数多くの来場者が漁港を埋め尽くす。新鮮な魚介類をはじめ、地場野菜やB級グルメ、おみやげなど、あらゆるものが揃う。店の人たちとのふれあいも楽しみのひとつ。

▲一年を通して多彩な魚介が水揚げされる八戸。旬の魚をチェック

☎なし　🏠八戸市新湊3　🕐日の出〜9時ごろ（3月中旬〜12月下旬の日曜のみ）　🈳1月〜3月上旬　🚉JR陸奥湊駅から徒歩10分　🅿500台　🆆P121E3

朝市めぐりのポイント

日曜朝市循環バス

八戸市中心街から館鼻漁港前（館鼻岸壁朝市）を結ぶワンコインバス「いさば号」が便利。4〜12月の日曜朝のみ、朝6時前から運行。1日4往復、片道100円。

朝市まっぷ

店舗の位置がわかる「館鼻岸壁朝市まっぷ」100円。事務所ほか場内数カ所で販売している。

▲夜明けとともに賑わう。さまざまな店が並び、品揃えが豊富

こちらの朝市も人気です！

むつみなとえきまえあさいち
陸奥湊駅前朝市

戦後から続く歴史のある土曜・平日開催の朝市。「朝めし処　魚菜」では、ご飯100円を購入すれば場内で買った刺身や惣菜も持ち込んで食べられる。

▲八戸市営魚菜小売市場は2022年秋リニューアル予定

☎0178-33-6151（八戸市営魚菜小売市場）　🏠八戸市湊町　🕐3時〜昼ごろ、「朝めし処　魚菜」は5〜10時ごろ（店舗により異なる）　🈳日曜、「朝めし処　魚菜」は第2土曜も休み　🚉JR陸奥湊駅からすぐ　🅿周辺駐車場利用　🆆P121E3

はまいちばみなとっと
浜市場みなとっと

直売所には八戸港で水揚げされた新鮮魚介や水産加工品が並ぶ。海の食材を使った料理教室や釣り教室などを開催する研修施設もある。

▲館鼻岸壁朝市の会場に隣接。干物や野菜、手づくりの惣菜なども販売している

☎0178-38-3741　🏠八戸市湊町大沢35-1　🚉JR陸奥湊駅から徒歩10分　🕐10〜16時（4〜12月、朝市開催の日曜は7時30分〜）　🈳水曜　🅿25台　🆆P121E3

ぜひ買いたい！ **館鼻岸壁朝市の おいしいモノ** 🐟

夜は「みろく横丁」から……
八戸中心街の風情ある横丁に26店舗もの飲み屋が集まる。海鮮、串焼きなど多彩。オープンな雰囲気で立ち寄りやすい。☎0178-38-3692 **MAP** P121E3

ひと足のばして ● 活気あふれる八戸の名物市場へ

サバ
囲炉裏で炭火焼した焼き魚を販売。大ぶりのサバの半身が一番人気！
焼魚 石川商店
300円

いちご煮
県南地方の郷土料理。ウニやツブ貝、ホタテの子、ベビーホタテなど海の幸たっぷり
ゆっこちゃんの店
350円(中)

イカ
炭火で焼くからやわらかくジューシー。醤油ダレがうま味を引き立てる
焼魚 石川商店
500円

いちご煮炊き込みご飯
魚介のうま味がお米にしっかり染み込んだ炊き込みご飯
ゆっこちゃんの店
150円

ほたてぶっかけうに
肉厚のベビーホタテにウニをトッピングした贅沢な一品
海鮮屋いがったらかれい
馬渡商店
700円

にんじんジュース
飲むサラダと称するジュースは無添加で栄養たっぷり！
南風農園
各330円

三島サイダー
ご当地サイダー。シトロン（左）とバナナ味（右）
朝市珈琲
各150円

焼うに
ハマグリの貝にウニがたっぷり。焼くことで甘みやうま味がアップ
海鮮屋いがったらかれい
馬渡商店
700円

焼あわび
注文を受けてからまるごとのアワビをバター醤油焼きにしてくれる
海鮮屋いがったらかれい
馬渡商店
700円

はっしょくせんたー
八食センター
魚介の炭火焼も楽しめる

市場棟には鮮魚店や乾物店、菓子店など約60店舗が並び、八戸ならではの品が豊富に揃う。ほかにも、郷土料理や海鮮料理を味わえる厨スタジアムなど飲食店も充実。市場で買った食材を炭火焼で楽しめる七厘村も人気で、鮮魚店などで「七厘村で食べる」と伝えると魚をさばいてくれる。

▲特産品がずらりと並ぶ。宅配もOK

☎0178-28-9311 📍八戸市河原木神才22-2 🕐市場棟・七厘村9〜18時、厨スタジアム9〜21時、味横丁9〜18時（一部営業時間が異なる店舗あり）🚫水曜（祝日の場合は営業）🚃JR八戸駅から八食100円バスで12分、終点下車すぐ 🅿1500台 **MAP** P121E3

▲新鮮な魚介類を贅沢に盛り付けた米八の心意気丼3900円。せんべい汁または味噌汁付き
◀七厘村の使用料は1人400円（2時間）。受付は9〜17時

📖 八戸市街にはみろく横丁を含めて8つの横丁があります。個性豊かな飲食店をハシゴしてみては。

豊かなブナ林が広がる
白神山地をトレッキング

世界遺産に登録されている白神山地は、手つかずのブナ林が残る太古の森。
世界遺産登録地域周辺に整備されている初心者向けコースをご紹介します。

白神山地って
しらかみさんち
こんなところ

多様な生き物が暮らすブナの森

青森県南西部と秋田県北西部にまたがる約13万haにおよぶ山岳地帯。東アジア最大規模のブナの天然林が広がり、起伏と変化に富んだ自然風景と豊かな動植物に恵まれている。ほぼ手つかずの広大なブナ林が残されており、中央部の約1万7000haが世界遺産地域に登録された。遺産登録地域内の散策はハードルが高いが、周辺には初心者も気軽に楽しめる散策道が整備されている。
☎0172-85-2810（白神山地ビジターセンター）MAP P122B・C3

▲グリーンシャワーを浴びながらトレッキングを楽しもう

十二湖散策コースへのアクセス
●バス　JR十二湖駅から弘南バス奥十二湖駐車場行きで15分、終点下車（4〜11月運行予定）※バス問合せ0173-72-3131（弘南バス鰺ヶ沢営業所）
●車　JR十二湖駅から森の物産館キョロロまで15分

所要時間
約40分

おすすめコース

START 森の物産館キョロロ
▼ 徒歩2分
1 鶏頭場の池
▼ 徒歩10分
2 青池
▼ 徒歩4分
3 ブナ自然林
▼ 徒歩10分
4 沸壺の池
▼ 徒歩4分
5 十二湖庵
▼ 徒歩4分
6 落口の池
▼ 徒歩10分
GOAL 森の物産館キョロロ

おすすめコース **十二湖散策コース**

START!&GOAL!

もりのぶっさんかんきょろろ
森の物産館キョロロ

有料駐車場のそばに立つ散策の拠点。十二湖散策コースは、ブナを主体とした森に囲まれた大小33の湖沼群をめぐるコース。崩山から眺めると12の湖沼が見えたことから十二湖とよばれるようになった。標高150〜250mに広がる自然林の中に多彩な湖沼が点在する。
☎0173-77-2781 住深浦町松神国有林 ￥入館無料 ⏰8時30分〜17時（季節により変動あり）休無休（11月中旬〜4月中旬は冬期休業）🚌バス停十二湖駐車場からすぐ P100台（1日500円）
MAP P122B3

▲館内では特産品などの販売もしている

※通行可能期間4月上旬〜11月下旬（天候によって通行不可となる場合あり）

1 鶏頭場の池
けとばのいけ

鶏の頭に似た池の形

森の物産館キョロロの近くに広がる大きな池。池の形が鶏の頭に似ていることから名付けられた。周囲にはあずま屋付きの休憩スポットなどもある。

▲新緑の季節が特に美しい

3 ブナ自然林
ぶなしぜんりん

すがすがしい光景が広がる

青池からは整備された急勾配の階段を上る。樹木のガイド板が見えたら、しばらくは平坦なルートが続く。背の高いブナの木に囲まれながらの散策は爽快感抜群。

▲マイナスイオンたっぷり

5 十二湖庵
じゅうにこあん

湖口の池畔の茶店

沸壺の名水で入れた抹茶を味わえる（菓子付き、寸志）。🕐10時30分〜14時30分 🈺不定休(11月中旬〜4月上旬は休業)

▲池を眺めながら味わえる

世界遺産の径ブナ林散策道

世界遺産エリアの中に整備された散策道。「アクアグリーンビレッジANMON」をスタートし、1〜2時間で戻るコース。4月下旬〜11月上旬通行可。☎0172-85-2800(西目屋村産業課商工観光係) ⓂⒶⓅP122C3

2 青池
あおいけ

湖水の色が変化する神秘の池

昼ごろは透明度の高い透き通ったコバルトブルー、午後には深みのあるマゼランブルーなど、時間帯によって湖水の色が変化する。展望デッキから眺めてみよう。

▶十二湖で一番人気のスポット

4 沸壺の池
わきつぼのいけ

清明な水をたたえる

池のほとりにある桂の大木の根元から湧き出した水が流れ込んでできた池。張り出すように設置された木製の展望デッキがある。

◀沸壺池の清水として「平成の名水百選」にも選定されている

6 落口の池
おちくちのいけ

木々を映す美しい湖面

十二湖庵の目の前に広がる水深20mの池。広葉樹に囲まれひっそりとした風情で、10月中旬〜下旬の紅葉が特に美しい。

◀池のほとりにはベンチが設けられている

🅿 白神ラインへ

中の池
⑥ 落口の池
がま池
0.4km
バス停 奥十二湖駐車場
十二湖庵 ⑤
沸壺の池 ④
森の物産館キョロロ
START & GOAL
BUS
あずま屋
① 鶏頭場の池
0.1km
0.2km
P
0.4km
③ ブナ自然林
0.4km
階段
野鳥のガイド板
0.2km
樹木のガイド板
② 青池

📖 十二湖散策コースではガイドツアーを実施。要予約で、料金は散策時間により異なります。参加人数は1〜10名。

ize

抜群のロケーション！
日本海沿いの温泉宿でリフレッシュ

磯辺にある黄金崎不老ふ死温泉、眺めのいい鯵ヶ沢高原温泉、
海鮮料理が自慢の鯵ヶ沢温泉など、個性豊かな宿で非日常の時間を。

黄金崎不老ふ死温泉

こがねざきふろうふしおんせん
黄金崎不老ふ死温泉

潮風が心地よい海沿いの露天

波打ち際には野趣あふれる混浴と女性専用露天風呂があり、茶褐色の湯が満ちる。そのほか、新館大浴場、本館大浴場も。食事はオープンキッチン「五感レストラン津軽」で。

☎0173-74-3500　🏠深浦町舮作下清滝15-1　🕐IN14時／OUT10時　🚃JRウェスパ椿山駅から車で5分（送迎車は要問合せ）　🅿100台　🛏75室（和室65 洋室9 和洋室1）
●1972年開業　●風呂：内湯男女各2 露天女1混浴1　MAPP122A2

1泊2食付料金
÷平　日1万4450円～
÷休前日1万6650円～
‥‥‥‥ 日帰り入浴 ‥‥‥‥
¥600円　🕐露天風呂8時～15時30分受付（悪天時利用不可）、本館8時～19時30分受付（冬期変更あり）　休無休

この宿のお楽しみ
夕日の時間帯は宿泊者専用に

夕日の名所で知られる舮作崎にあり、絶景の名物露天は16時以降宿泊者のみ入浴可能。夕日の時間をチェックして楽しもう。

日本海に沈む夕日を眺めながら浸かれる

1海岸と一体化したようなひょうたん形の混浴露天風呂。泉質は含鉄・ナトリウム・マグネシウム- 塩化物強塩泉 2日本海が目の前に広がる一軒宿 3女性専用の露天風呂 4客室は和室を中心に用意

　🈁源泉かけ流し　🍴部屋食　💆エステあり　🚭禁煙ルームあり　♨大浴場あり　🧍ひとり宿泊OK

😊ゆ👤
ろっくうっど・ほてるあんどすぱ

ロックウッド・ホテル&スパ

岩木山麓に湧く温泉

津軽平野と日本海を一望できるリゾートホテル。食事は郷土料理を含む和洋バイキングのほか、コース料理も楽しめる。白神山地の観光拠点としてもおすすめ。

☎0173-72-1011 🏠鰺ヶ沢町鰺ヶ沢高原 🕐IN15時／OUT11時 �mJR鰺ヶ沢駅から車で20分 🅿200台 🛏188室(洋室188) ●1994年開業 ●風呂：内湯男女各1 露天男女各1 MAP P122C2

1泊2食付料金
÷ 平 日 1万450円～
÷ 休前日 1万2100円～
日帰り入浴 なし

1露天風呂や大きな窓の大浴場からも日本海を一望 2客室からは日本海や山並みを望める 3日本海を見下ろす高台に立つ

あじがさわおんせん すいぐんのやど

鰺ヶ沢温泉 水軍の宿

日本海の幸を存分に！

鰺ヶ沢の山海の幸をふんだんに盛り込んだ食事が評判。夕食では炭火焼や刺身などで旬の魚介をたっぷりと楽しめる。大浴場には船をイメージした露天風呂もあり、かけ流しの湯を堪能できる。客室は露天風呂付き客室など全20室。

☎0173-72-8112 🏠鰺ヶ沢町舞戸町下富田26-1 🕐IN15時／OUT10時(温泉付き客室は11時) 🚍JR鰺ヶ沢駅から徒歩5分 🅿60台 🛏20室(和室20) ●1993年開業 ●風呂：内湯男女各1 露天男女各1 MAP P122C1

1船の形をした露天風呂でリラックス。泉質はナトリウム・塩化物強塩泉 2夕食は新鮮な魚介類を贅沢に盛り込んだ会席料理 3館内には昔ながらのインテリアも。くつろぎの時間を過ごせる

1泊2食付料金
÷ 平 日 1万2650円～
÷ 休前日 1万3750円～
········ 日帰り温泉 ········
¥450円
🕐8～21時 休無休

青森県への交通

青森県へは鉄道、飛行機、高速バスを利用してアクセス。
旅行プランや予算に合わせ、自分に合ったアクセス方法を選びましょう。

青森県内の主要エリアへ

2022年5月現在

青森へ

| 東京駅 | 東北新幹線「はやぶさ」 2時間58分～3時間23分 1万7670円 1時間に1～2本 | → 新青森駅 |

東京(羽田空港)	JAL 1時間15分 1日6便
大阪(伊丹空港)	ANA・JAL 1時間40分 1日6便	→ 青森空港 → JRバス東北 35分 750円 → 青森駅前
名古屋(名古屋空港[小牧])	FDA 1時間20分 1日3便

弘前へ

| 東京駅 | 東北新幹線「はやぶさ」 2時間58分～3時間23分 1万7670円 1時間に1～2本 | → 新青森駅 → JR奥羽本線・快速・普通 37分～45分 東京駅から弘前駅まで1万8000円 1時間に1～2本 → 弘前駅 |

東京(羽田空港)	JAL 1時間15分 1日6便
大阪(伊丹空港)	ANA・JAL 1時間40分 1日6便	→ 青森空港 → 弘南バス 55分 1200円 → 弘前BT
名古屋(名古屋空港[小牧])	FDA 1時間20分 1日3便

八戸へ

| 東京駅 | 東北新幹線「はやぶさ」 2時間40分 1万6590円 1時間に1～2本 | → 八戸駅 |

| 東京(羽田空港) | JAL 1時間20分 1日4便 |
| 大阪(伊丹空港) | JAL 1時間35分 1日1便 | → 三沢空港 → 十和田観光電鉄バス 55分 1500円 → 八戸中心部(八日町) |

奥入瀬渓流へ

東京駅	東北新幹線「はやぶさ」 2時間40分 1万6590円 1時間に1～2本	→ 八戸駅 → JRバス東北「おいらせ号」 1時間30分 1990円 1日2便(冬期は運休) → 焼山
東京(羽田空港)	JAL 1時間15分 1日6便	→ 青森空港 → JRバス東北 35分 750円 → 青森駅 → JRバス東北「みずうみ号」 2時間23分 2350円 1日2便(冬期は運休) → 焼山
東京(羽田空港)	ANA 1時間10分 1日3便	→ 大館能代空港 → 乗合タクシー「愛☆のりくん 十和田湖号」 2時間 5600円【予約制】 → 十和田湖(休屋)

おトクなきっぷを活用しよう

えきねっとトクだ値
JR東日本のインターネットポータルサイト「えきねっと」会員対象。会員登録が必要だが、JR東日本の新幹線・特急が、列車・区間・座席限定で割引になる。パソコンや携帯電話、スマホから簡単に申し込め、きっぷ受取前ならインターネットから変更や払い戻しが可能。さらに駅の指定券売機できっぷを受け取れてスムーズに乗車できる。乗車前日の深夜まで予約でき、年末年始やお盆、GWなどスムーズに乗車できる。乗車13日前までに予約すれば、より割引率が高い「お先にトクだ値」もある。

「はやぶさ」利用	東京～八戸間	東京～新青森間
お先にトクだ値	1万2290円	1万3090円
えきねっとトクだ値	1万5570円	1万6590円

※値段は2022年5月発売の普通車指定席利用のもの

※所要時間は目安で、利用する列車によって異なります。料金は乗車に必要な運賃、特急料金（通常期の普通指定席）を含みます。
※航空のねだんは、搭乗日、利用する便や航空会社の空席予測などで変わります。詳しくは、各社のホームページでご確認ください。
※BT＝バスターミナル
※JRバス東北の「おいらせ号」全区間と「みずうみ号」の酸ヶ湯温泉～十和田湖（休屋）間は11月中旬～4月中旬は運休となり、青森駅～酸ヶ湯温泉間もルート変更して運行されます。

🅿 プランニングのヒント

●鉄道で
東北・北海道新幹線「はやぶさ」を利用する。「はやぶさ」は、新青森駅に全列車が、八戸駅にも2〜3本を除いて停車するが、七戸十和田駅は半数が通過し、奥津軽いまべつ駅には2〜4時間に1本しか停車しない。弘前方面へは、新青森駅からJR奥羽本線を利用しよう。

●飛行機で
県内には青森空港と三沢空港があるが、航路数・便数ともに青森空港のほうが多い。青森への飛行機は羽田や小牧、伊丹、新千歳から利用できる。なお十和田湖方面へは、秋田県の大館能代空港から乗合タクシーも利用可能だ。（空港出発15分前までに予約が必要）

●バスで
首都圏からはほとんどが夜行便。3列シート・トイレ付き車両の路線と、4列シート・トイレなし車両の格安路線が運行されている。同じ会社の便でもルートにより所要時間が異なる路線があるほか、週末中心や繁忙期のみ運行される路線も。減便中や運休中の路線が多いので注意。

各地から青森へのアクセスマップ

☎ 問合せ一覧

鉄道会社
●JR東日本（お問い合わせセンター）
☎050-2016-1600

航空会社
●日本航空（JAL）
☎0570-025-071
●全日空（ANA）
☎0570-029-222
●フジドリームエアラインズ（FDA）
☎0570-55-0489

バス会社
●JRバス東北
☎017-723-1621
●弘南バス
☎0172-36-5061

青森県内での交通

青森県内の移動はバスか鉄道が基本ですが、運行本数が少ないので、
レンタカーも上手に活用しましょう。

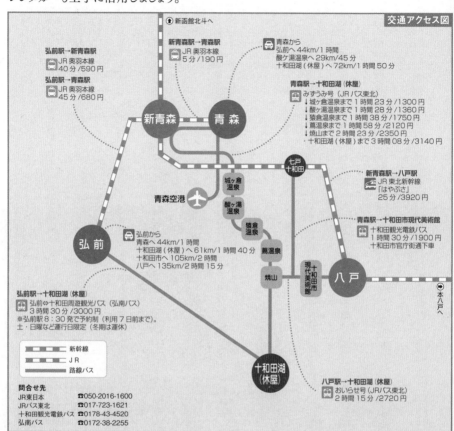

各エリアへのアクセス

●バスで
十和田湖（休屋）へ向かうには、青森駅からは「JRバス東北みずうみ号」を、八戸駅からは「JRバス東北おいらせ号」を利用しよう。弘前駅からは「弘前⇔十和田周遊観光バス」が利用できるが、予約制の運行なので事前に確認しよう。路線バスの多くは運行便数が少なく、土曜・休日運休や冬期運休・減便となる路線も多いので注意。

●鉄道
青森、新青森、弘前、八戸などの主要エリアの移動は鉄道が便利。弘前駅〜新青森駅〜青森駅間は、JR奥羽本線を利用しよう。八戸駅、新青森駅までは東京駅からJR東北新幹線はやぶさが直通。はやぶさが停車する七戸十和田駅を含め、各駅からは十和田湖（休屋）へ向かう路線バスが利用できる。

各エリアへのドライブアクセス

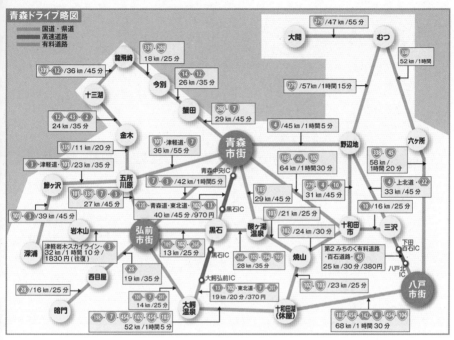

青森ドライブ略図

凡例:
国道・県道
高速道路
有料道路

大間 — ②②⑤ /47 km /55分 — むつ

②②⑤ /57分/1時間15分

③③⑧ /52 km /1時間

龍飛崎 — ③③⑨ ②⑧⑦ 18 km /25分 — 今別

③③⑨ ⑫ /36 km /45分

⑭ ⑫ /26 km /35分

十三湖

今別 — 蟹田

⑫ ④③ ② /24 km /35分

金木

蟹田 — ②⑧⑦ ⑦ /29 km /45分

③③⑨ /11 km /20分

鰺ヶ沢

③ 津軽道 ⑩⑦ /23 km /35分

五所川原

⑩⑦ 津軽道 ⑦ /36 km /55分

青森市街

青森中央IC

④ /45 km /1時間5分 — 野辺地

六ヶ所

③③⑧ ④⑤ /58 km /1時間20分

⑩③ ④⑩ ⑩② /64 km /1時間30分

⑦ ③ /42 km /1時間5分

⑩① ③③⑨ ⑦ ③ /27 km /45分

⑫⑩ 青森東北道 ⑩② ⑬ /40 km /45分 /970円 黒石IC

⑩③ /29 km /45分

②⑦⑨ ④⑩ ⑩ /31 km /45分

④ 上北道 ②② /33 km /45分

⑩ /16 km /25分

三沢

下田百石IC

岩木山

③ /39 km /45分

弘前市街

黒石

⑩③ /21 km /25分

酸ヶ湯温泉

⑩② /24 km /30分

十和田市

第2みちのく有料道路・百石道路 ④⑤ /25 km /30分 /380円

八戸北IC

津軽岩木スカイライン ③ /32 km /1時間10分 /1830円 (往復)

深浦

⑩⑨ ⑩② ②⑥⑧ /13 km /25分

黒石IC

②⑥⑧ ⑩② ③⑨④ /28 km /35分

焼山

八戸IC

八戸市街

西目屋

②⑧ /19 km /35分

大鰐弘前IC

⑬ 東北道 ②⑩① /19 km /20分 /370円

⑩② ⑩③ /23 km /25分

②⑧ /16 km /25分

暗門

⑩⑨ ⑦ ②⑩① /14 km /25分

大鰐温泉

⑩③ ④⑤④ ①④② ④ ④⑤④ ⑩④ /68 km /1時間30分

①⑨⑧ ⑦ ④⑤④ ⑩② ④⑤④ ⑩③ /52 km /1時間5分

十和田湖 (休屋)

交通ガイド ● 青森県内での交通

プランニングのヒント

東北自動車道 (東北道) 利用がメインルート。青森JCT からは青森自動車道が分岐しており、青森中央IC・青森東 IC で下りれば、青森市内や浅虫温泉方面、みちのく有料道路へも便利。仙台方面から八戸方面へ直行するなら、岩手県の東北道安代JCTで分かれる八戸自動車道を北上する。

問合せ一覧

レンタカー
● トヨタレンタカー
☎0800-7000-111
● 日産レンタカー
☎0120-00-4123
● ニッポンレンタカー
☎0800-500-0919
● オリックスレンタカー
☎0120-30-5543

日本道路交通情報センター
● 青森情報
☎050-3369-6602
● 東北地方高速情報
☎050-3369-6761

おトクなレンタカー

● えきねっと＋駅レンタカープラン
JR東日本のインターネット予約サイト「えきねっと」専用の駅レンタカープラン。「えきねっと」で指定券(「えきねっとトクだ値」「お先にトクだ値」を含む)、自由席券、乗車券などを申込みのうえ、乗車日を含む3日以内に出発する駅レンタカー(クラス限定)を専用ページから利用の1時間前まで(一部は前日14時まで)に申し込むと、駅レンタカーがお得な割引料金(時期により異なる)で利用できる。利用には「えきねっと」への会員登録(無料)が必要。なお2022年度は利用除外日はない。駅レンタカー料金(免責補償料込み)25%割引の場合、12時間でSクラス(フィット・ヴィッツなど)5360円、Aクラス(カローラ・ティーダなど)7340円。青森県内対象となる駅レンタカー営業所は、新青森、青森、弘前、八戸、七戸十和田の各駅にある。(料金は2023年3月31日まで)
申し込み: えきねっと(https://www.eki-net.com/top/rentcar/)
問い合わせ: JR東日本エリアの対象営業所、JR東日本レンタリースWebサイト(https://www.jrerl.co.jp/faq/index.html)

弘前市内での交通

弘前城や洋館などの主な観光エリアは徒歩で回ることができます。
駅からは距離があるので循環バスやレンタサイクルでの移動が便利です。

バスルートMAP
---- 土手町循環バス
---- ためのぶ号往路
---- ためのぶ号復路

土手町循環100円バス

弘前駅から弘前公園を周回する循環バス。弘前バスターミナルを起点に弘前駅や土手町、弘前公園周辺を40分かけて一巡する。バスを何度も利用するなら1日乗車券がおすすめ。

☎0172-36-5061(弘南バス) ¥1回乗車100円、1日乗車券500円(ためのぶ号と共通、弘前バスターミナルで販売) ⏰10～18時(12～3月は～17時)※弘前駅発、津軽藩ねぷた村経由りんご公園行きバス「ためのぶ号」は、市内の主要スポットや郊外を巡るのに便利。毎日4往復運行(4～11月)。 ¥1回乗車100～200円

循環バスを上手に活用!

弘前市観光案内所

まずは駅で観光情報をゲット
観光パンフレットや弘前アップルパイガイドマップなどを配布。手荷物を市内の宿泊施設(旧岩木・旧相馬地区を除く)まで1回864円で配達してくれる「駅から手ぶらで観光」
※受付も窓口で行う。
※重量や大きさ、荷物の金額によっては、取り扱えないものもある。受付は14時まで
☎0172-26-3600(弘前市観光案内所)

レンタサイクル

貸自転車サービス「サイクルネットHIROSAKI」が人気。市内5カ所にあるサイクルステーションのいずれかで返却可能。レンタサイクルが利用できるのは春から秋のみ。

☎0172-37-5501(弘前市立観光館) ¥普通自転車1回500円、電動自転車1回1000円(電動自転車は弘前市立観光館、弘前市観光案内所のみ) ⏰貸出期間は5月中旬～11月下旬(天候などにより変更あり、施設により異なる)

[貸出・返却場所]
サイクルステーション
Ⓐ 弘前市立観光館(9～16時)
Ⓑ 弘前市観光案内所(9～16時)
Ⓒ 津軽藩ねぷた村(9～16時)
Ⓓ 弘前市まちなか情報センター (9～16時)
Ⓔ 弘前市りんご公園(9～16時)
※貸出受付は～16時、返却は当日～17時

青森市内での交通

各エリアへの交通の要所でもある青森タウン。主要なみどころは徒歩圏内ですが、市街地から離れたみどころへはバスを利用しましょう。

ねぶたん号ルートMAP

ルートバス「ねぶたん号」

「あおもりシャトルdeルートバスねぶたん号」は青森市街地や新青森駅、主要観光スポットなどを回るバスで、街歩きに便利。青森市立美術館や三内丸山遺跡に行くなら、このバスを活用したい。

☎017-739-9384(青森観光バス) ¥1回乗車300円、1日乗車券700円、2日乗車券800円(1日・2日乗車券はねぶたん号車内、青森市観光交流情報センターなどで購入可能)

みどころをめぐるバス

レンタサイクル

青森駅周辺を回るなら、自転車を利用するのもおすすめ。青森駅前自転車等駐車場など市内6カ所でレンタルできる。自転車の返却は必ず借りた場所へ。

☎017-777-1101 ¥1回300円※受付時に身分証明書が必要。貸出期間は4月下旬〜10月31日(貸出時間は施設により異なる)

[貸出・返却場所]
Ⓐ 青森駅前自転車等駐車場(9〜17時)
Ⓑ 青森県観光物産館アスパム(10〜17時)
Ⓒ アートホテル青森(10〜17時)
Ⓓ ホテル青森(10〜17時)
Ⓔ ホテルサンルート青森(10〜17時)
Ⓕ 青森県営駐車場(10〜17時)
※貸出受付は〜16時

青森市観光交流情報センター

まずは駅前で情報収集
青森市内の観光情報が集まる。観光案内のほか青森駅周辺をガイドと散策する「あおもり街てく」(予約制)も実施している。

☎017-723-4670
(青森市観光交流情報センター)

etc 旅のエトセトラ

青森の知っておきたい あれこれ

旅のプランに取り入れたい祭りやイベント、リンゴの豆知識など、
青森の旅がさらに楽しくなる情報をピックアップ。

読んでおきたい本

太宰治の代表作をはじめ、青森を舞台にした小説やエッセイをご紹介。旅の副読本にもおすすめ。

津軽

昭和19年、津軽風土記の執筆を依頼された太宰が3週間にわたって津軽半島を旅した際に生まれた作品。津軽への想いがつづられている。
新潮文庫／1951年／太宰治著／473円(税込)

智恵子抄

十和田湖畔に立つ「乙女の像」は高村光太郎の作品で、モデルは妻の智恵子といわれている。本書は妻への愛をつづった詩集。
新潮文庫／1956年／高村光太郎著／473円(税込)

送り火

東京から青森の小さな中学校に転入してきた主人公と地元の少年たちを描いた作品。著者の高橋弘希は青森県十和田市出身。第159回芥川賞受賞作。文春文庫／2020年／高橋弘希著／682円(税込)

観ておきたい映画

青森の風景や感動秘話を描いた人気作。木村秋則さんのリンゴを使った料理はレストラン山崎(☞P51)で提供。

奇跡のリンゴ

弘前のリンゴ農家・木村秋則は妻・美栄子を想い、無農薬によるリンゴ栽培を決意する。しかし、それは"絶対不可能"な栽培方法。11年にわたる苦闘と絶望の果てにたどりついた真実とは。感動の実話を映画化。
DVD5170円(税込) ＆Blu-ray6270円(税込)発売中／発売・販売元：東宝／2013年／出演：阿部サダヲ、菅野美穂／監督：中村義洋

©2013『奇跡のリンゴ』製作委員会

わさお

ブサかわ犬として人気を博した「わさお」の実話をもとにした感動作。青森県鰺ヶ沢町でイカ焼き屋を営むセツ子と、白い長い毛に覆われた秋田犬「わさお」を中心に、町の人々の温かい絆を描く。
DVD3080円(税込)発売中／発売・販売元：ポニーキャニオン／2011年／出演：薬師丸ひろ子／監督：錦織良成

©2011『わさお』製作委員会

八甲田山

明治34年末、帝国陸軍はロシア軍と戦うために厳冬の八甲田山での雪中行軍を決行。神田大尉と徳島大尉は再会を約束するが…。八甲田で起きた歴史的遭難事件を題材にした日本映画史に残る名作。
4Kリマスター Blu-ray5280円(税込) 発売中／発売・販売元：東宝／1977年／出演：高倉 健／監督：森谷司郎

©1977 橋本プロダクション・東宝・シナノ企画

祭り・イベント

迫力の夏祭りに幻想的な冬のイベント、鮮やかに彩る季節の花々など、四季折々の祭り・イベントをチェック。

- 弘前さくらまつり☞P44
- 弘前ねぷたまつり☞P61
- 五所川原立佞武多☞P61
- 黒石ねぷた祭り☞P70
- 青森ねぶた祭☞P78

4月20日～5月5日 十和田市春まつり

十和田市の官庁街通りを中心に行われ、市役所の展望テラスが無料開放される。夜は桜のライトアップを実施。
☎0176-24-3006(十和田奥入瀬観光機構)
MAP P121D3

5月上～中旬 横浜町の菜の花畑

横浜町の自然体験ランド自然苑周辺は春になると一面が菜の花のじゅうたんで覆われる。菜の花畑を歩ける小路もある。
☎0175-78-2111(横浜町産業振興課)
MAP P124C3

©湖水まつり実行委員会

7月 十和田湖湖水まつり

約1700個のスカイランタンを、願いをこめて打ち上げる幻想的なイベント。時期やランタンの個数は変更の場合あり。
☎0176-75-1531(十和田湖観光交流センターぷらっと) MAP付録P5C4

※イベントは新型コロナウイルス感染症の状況により、中止または内容を変更する場合があります。

7月31日～8月4日 八戸三社大祭

「おがみ神社」「長者山新羅神社」「神明宮」が行う祭りで、3神社の神輿と27台の山車が八戸市内を合同運行する。

☎0178-70-1110 (八戸三社大祭運営委員会事務局 VISITはちのへ内) **MAP** P121E3

10月下旬の土・日曜 奥入瀬渓流 エコロードフェスタ

マイカー規制が敷かれ、紅葉の奥入瀬渓流をゆっくり散策できる。ガイドツアーなども実施。

☎0176-24-3006 (十和田奥入瀬観光機構) **MAP** 付録P4C3

12月中旬～2月中旬 アーツ・トワダ ウインターイルミネーション

十和田市現代美術館のアート広場を中心に官庁街通りがLEDで彩られる。光とアート作品の共演を楽しもう。

☎0176-51-6773 (十和田市商工観光課) **MAP** P121D3

12～2月(予定) 冬に咲くさくら ライトアップ

桜をテーマにした冬のライトアップ。花筏で知られる弘前公園外濠が、ピンク色に照らされる様子は必見。

☎0172-40-0236 (弘前市観光課) **MAP** 付録P7B2

2月17～20日 八戸えんぶり

豊年祈願の郷土芸能で、八戸の冬の風物詩。舞手は馬の頭をかたどった烏帽子を身につけ、伝統の舞を披露する。

☎0178-70-1110 (八戸地方えんぶり保存振興会事務局 VISITはちのへ内) **MAP** P121E3

青森の旬の魚

太平洋、日本海、津軽海峡、陸奥湾と豊富な漁場をもつ青森県。多種多様な魚介が一年を通して水揚げされる。

春
津軽の春の味覚といえば、トゲクリガニやシャコ。海峡サーモンもおすすめ!

夏
夏に旬を迎えるウニやホタテ。八戸や下北半島などで生ウニ丼を味わおう。

秋
白身魚に脂がのり始める季節。八戸前沖さば、三沢昼イカなども楽しみたい。

冬
寒ビラメや十三湖の寒シジミなど冬ならではの味覚が登場。冬のホタテも美味。

青森の野菜

きれいな水と肥沃な大地に恵まれた青森県には、全国トップクラスの生産量を誇る野菜もたくさん!

にんにく
青森県はにんにくの生産量日本一。大玉で実が締まり、香りと風味が抜群!加工品も充実。

ごぼう
ごぼうの生産量も青森県が日本一。シャキシャキとした食感で高品質。秋冬に多く出荷される。

長芋
国内流通量の約4割を占める青森県産長芋は柔らかな肉質が特徴。主に秋と春に収穫される。

写真提供：青森のうまいものたち

リンゴの品種

青森県内では約50種類のリンゴが生産されている。収穫期は8～11月。お気に入りの品種を探してみては。

紅玉 (こうぎょく)
鮮やかな紅色と甘酸っぱさが特徴。アップルパイなどに使われることが多い。収穫時期は10月中旬。

ふじ
県内で最も生産されている品種で、シャキッとした食感を楽しめる。収穫時期は11月上旬。

つがる
ふじに次ぐ県内2番目の生産量で、甘くてジューシーな品種。収穫時期は9月中～下旬。

黄王 (きおう)
岩手県が原産の黄色いリンゴ。フルーティで口当たりがいい。収穫時期は9月中～下旬。

王林 (おうりん)
緑黄色の果皮と香りの高さが特徴。果汁が豊富で甘みが強い。収穫時期は10月末～11月上旬。

写真提供：(一社) 青森県りんご対策協議会

青森の方言

弘前や青森のあたりで使われる津軽弁。響きがかわいらしく、温かみを感じる方言がいろいろ。

わ…わたし
な…あなた
め…おいしい
け…食え、おかゆ、かゆいなど
あべ…おいで
たんげ…とても、すごく
～だはんで…～だから
わいは!…あらま!

青森広域図

松前半島

岩部岳
福島町

228
松前湾

松前町

小島

白神岬

青函トンネル

津軽海峡

龍飛崎

三厩駅

339 今別町

丸屋形岳

津軽二股駅 奥津軽
いまべつ駅

280

四ツ滝山

津軽線

十三湖

日本海

津軽半島

北海道新幹線

外ケ

中泊町

津軽中里駅

津軽鉄道

本誌P122-123

南浮田

鰺ヶ沢

五所川原

五所川原駅

青森

つがる柏

つがる市

五所川原市

五所川原

7

鰺ヶ沢町

鰺ヶ沢駅

鶴田町

五所川原東

浪岡

339

101

津軽岩木
スカイライン

黒石駅

黒石市

東北自動車道

深浦町

十二湖

赤石川

岩木山

藤崎町

弘前

田舎館村

黒石

西目屋村

弘前市

弘前駅

平川市

津軽SA

向白神岳

白神山地

青森県

弘南鉄道

大鰐弘前

阿

二ツ森

五能線

駒ケ岳

田代岳

奥羽本線

碇

大館北

小坂北

7

大館

大館駅

大館南

秋田自動車道

101

八峰町

藤里町

二井田真中

大館市

奥羽本線

二ツ井白神

花輪

103

米代川

能代市

能代東

北秋田市

鷹巣

285

大館能代空港

105

能代南

秋田自動車道

大館能代空港

秋田内陸
縦貫鉄道

八竜

秋田県

青森広域図

0   10km   N

A   B   C

1   2   3   4

本誌P124

本誌P120-121

太平洋

青森広域図

岩手県

太平洋

青森湾

三沢市

浅虫温泉

浅虫温泉

0   100m

本誌P125 | 本誌P124

青森県

青森市

本誌P122-123

本誌P120-121

秋田県 | 岩手県

青森県営
浅虫水族館 P.88

浅虫さくら
観光ホテル

浅虫温泉駅

割烹旅館
さつき

鶴亀屋食堂
P.88

秋田屋

青い森鉄道

南部屋・海扇閣
P.88

宿屋つばき

辰巳館

本陣の宿
柳の湯

市柳沼

熊野近隣公園

内沼

高瀬川

丹内大明神

394

小川原湖

みさわ

三沢市

根井沼

338

寺山修司記念館

運動公園

小川原湖畔
キャンプ場

三沢空港

三沢市役所

三沢漁港

ツ森貝塚 P.85

上北町駅

小川原駅

青い森鉄道

上北

六戸・三沢

三沢駅

三沢

おいらせ町

向山駅

史跡 太素塚
(新渡戸記念館) P.32

下田百石

いちょう公園

市川船溜

陸奥湊駅前朝市 P.104

館鼻岸壁朝市 P.104

浜市場みなとっと P.104

みちのく潮風トレイル(起点) P.103

葦毛崎展望台 P.103

中須賀 P.103

大須賀海岸 P.103

種差海岸
インフォメーション
センター P.103

種差天然芝生地
リトリート
キャンプ

種差海岸
階上岳

金浜駅 P.102

大蛇駅

階上駅

角の浜駅

下田駅

陸奥市川駅

八戸臨海鉄道

八戸港

長苗代駅

本八戸駅

陸奥湊駅

小中野駅

白銀駅

鮫駅

陸奥白浜駅

種差海岸駅

大久喜駅

TOHOKU EMOTION(起点)

八戸駅

みろく横丁

八戸市

北高岩駅

苫米地駅

八戸是川

和風食事処 松家

是川石器時代遺跡 P.85

階上町

諏訪ノ平駅

青い森鉄道

三戸駅

南部町

南郷

洋野町

洋野種市

岩手県

121

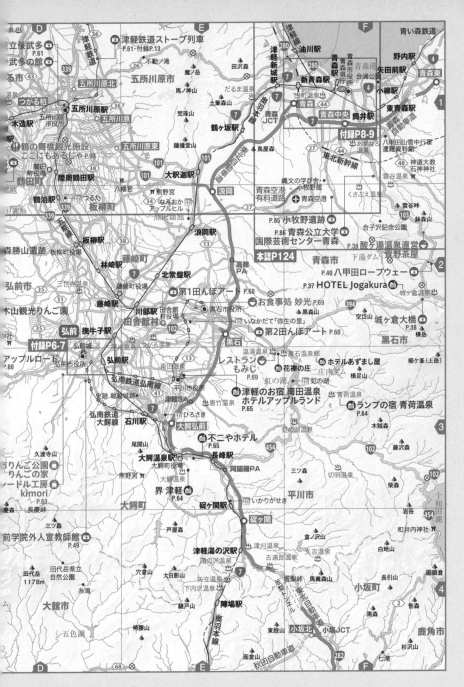

下北半島

0　5km

大間崎 P.99
弁天島
大間観光土産センター P.99
大間
下風呂観光ホテル漁火の宿
三浦屋 P.99
根田内崎
大間町役場
折戸川
焼山崎
日和山崎
甲崎
海峡いさり火公園
津鼻崎
大間町
海峡いさり火公園
風間浦村
目滝山
三角山
食事処まんじゅうや
P.99
流泉戸山
佐井村役場
大開山
白土山
佐井村
霊場恐山 P.98・100
大滝山曽古部山
下北半島
石山
剣山
スカイレストラン
P.99
汐崎
桑畑山
尻屋崎 P.98
本誌P125
鍋掛山
下ノ崎
福浦崎
仏ケ浦
（仏ケ浦行き
定期観光船乗） P.99
丸山
丸山
湯野川温泉
円山
黒滝山
むつ市
むつ
矢立温泉
屏風山
大尽山
むつ市役所
下北駅
大湊駅
東通村
保屋毛平
早掛沼
石上山
片崎山
登森
東通村役場
朝比奈平
焼山崎
湯ノ沢岳
天ケ森
秋山
天狗森
於法岳
小尽山
金谷沢駅
近川駅
一切山
石川台
石山
大湊港
黒崎
リゾートあすなろ下北
付録P.14
物見崎
中山崎
月山
本誌P125
二股山
殿滝
松ケ崎
アモ十太郎
貝崎
北海岬
ガンケ山
牛ノ首岬
横浜町の菜の花畑
P.116
有畑駅
八郎烏帽子
吹越烏帽子
横浜町
陸奥横浜駅
横浜町役場
大畑線
平舘海峡
大島
鼻繰崎
陸奥湾
吹越駅
横浜吹越
六ヶ所村
笹森山
安井崎
大湊線
退打山
蓬田村役場
蓬田駅
津軽線
小湊駅
清水川駅
有戸駅
野辺地北
279
279
六ヶ所
六ヶ所村役場
鷹架沼
太平洋
青森湾
茂浦島
四島
青い森鉄道
浅虫温泉駅
平内町役場
前森山
4
狩場沢駅
北野辺地駅
野辺地駅
野辺地北
野辺地木明
本誌P120-12
高瀬山
小川原湖
奥内駅
油川駅
新青森駅
青森
青森県庁
青森
松倉山
平内町
不動滝
鳥帽子岳
野辺地町役場
野辺地
東北町
千曳駅
三沢市
椹井沼
北海道新幹線
矢田前駅
本誌P122-123
青森東
みちのく有料道路
東北自動車道
不動滝
曽我森
乙供駅
394
沖山
青森
JCT
東北自動車道
青森空港
青森空港
有料道路
103
青森市
堀子森
折紙山
東北新幹線
七十森山
七戸町
七戸町役場
七戸
七戸十和田駅
八幡岳
八甲温泉
上北町駅
394
東北
町町役場
小川原駅
三沢空港

本誌P124
本誌P125
青森県
青森市
十和田
本誌P122-123
本誌P120-121
秋田県
岩手県

津軽海峡

津軽半島

INDEX さくいん

観光見どころ　寺院　神社　プレイスポット　レストラン・食事処　カフェ・喫茶

みやげ店・ショップ　宿泊施設　温泉・立ち寄り湯

ココミル
cocomiru

十和田 奥入瀬
弘前 青森
東北❷

2022年6月15日初版印刷
2022年7月1日初版発行

編集人：長澤香理
発行人：盛崎宏行
発行所：JTBパブリッシング
〒162-8446　東京都新宿区払方町25-5
https://jtbpublishing.co.jp/
編集：03-6888-7860
販売：03-6888-7893
編集・制作：情報メディア編集部（中村美咲）
組版：山栄プロセス
印刷所：凸版印刷
編集・取材スタッフ：MOVE ／菊地裕子／佐川印刷

表紙デザイン、アートディレクション：APRIL FOOL Inc.
本文デザイン：APRIL FOOL Inc. ／株式会社ジェイヴィコミュニケーションズ（星真琴／藤田瑞穂）
／渋谷武史
撮影・写真協力：西村光司／青森観光コンベンション協会／青森県観光連盟／
弘前観光コンベンション協会／VISITはちのへ／五所川原市観光協会／田舎館村／
十和田奥入瀬観光機構／青森県立美術館／JR東日本／PIXTA ／
関係各市町村観光課・観光協会・施設
地図：ゼンリン／ジェイマップ
イラスト：平澤まりこ

本書掲載の地図は以下を使用しています。
測量法に基づく国土地理院長承認（使用）R 2JHs 293-956号、R 2JHs 294-434号

本書掲載のデータは2022年4月末日現在のものです。発行後に、料金、営業時間、定休日、メニュー等の営業内容が変更になることや、臨時休業等で利用できない場合があります。また、各種データを含めた掲載内容の正確性には万全を期しておりますが、おでかけの際には電話等で事前に確認・予約されることをお勧めいたします。なお、本書に掲載された内容による損害賠償等は、弊社では保障いたしかねますので、予めご了承くださいますようお願いいたします。

本書掲載の商品は一例です。売り切れや変更の場合もありますので、ご了承ください。

本書掲載の料金は消費税込みの料金ですが、変更されることがありますので、ご利用の際はご注意ください。
入園料など特記のないものは大人料金です。
定休日は、原則として年末年始・お盆休み・ゴールデンウィーク・臨時休業を省略しています。
本書掲載の利用時間は、特記以外原則として開店（館）～閉店（館）です。オーダーストップや入店（館）時間は通常閉店（館）時刻の30分～1時間前ですのでご注意ください。
本書掲載の交通表記における所要時間はあくまでも目安ですのでご注意ください。

本書掲載の宿泊料金は、原則としてシングル・ツインは1室あたりの室料です。1泊2食、1泊朝食、素泊に関しては、1室2名で宿泊した場合の1名料金です。料金は消費税、サービス料込みで掲載しています。季節や人数によって変動しますので、お気をつけください。

本書掲載の温泉の泉質・効能は源泉のもので、個別の浴槽のものではありません。各施設からの回答をもとに原稿を作成しています。

本書の取材・執筆にあたり、ご協力いただきました関係各位に厚くお礼申し上げます。

おでかけ情報満載　https://rurubu.jp/andmore/

223203　280370
ISBN978-4-533-14981-8 C2026
©JTB Publishing 2022
無断転載禁止　Printed in Japan
2207

楽しい旅へ
出かけよう♪

ココミル

十和田 奥入瀬
弘前 青森

付録 MAP

地図を持って
でかけましょう

バス停石ヶ戸から徒歩10分

三乱の流れ
さみだれのながれ

点在する岩々が幾筋もの流れをつくり出していて、多彩な表情を楽しめる奥入瀬渓流屈指の名所。岩に根を張る苔にも注目したい。

バス停焼山から徒歩15分

出合い橋
であいばし

奥入瀬川の支流・蔦川(つたがわ)に架かる全長約55mの大きな吊り橋。川のほとりに下りて、水遊びもできる。

103

奥入瀬渓流館裏手のかえで橋で橋を渡り、原生林を抜けた先に出合い橋がある

苔むした倒木や大岩がある原生林が広がる

出合い橋 Ⓐ

奥入瀬湧水館P.21

奥入瀬渓流館P.21

このあたりから奥入瀬らしい水の流れになる

十和田発電所

かえで橋

奥入瀬渓流温泉スキー場

星野リゾート
奥入瀬渓流ホテル

黄瀬橋

奥入瀬渓流館

焼山

十和田橋

102

十和田市

黄瀬

紫明渓

渓流の駅 おいらせ

数百m
車道を歩く

奥入瀬渓流温泉

第1ロマンスリフト

奥入瀬渓流温泉

惣辺バイパス
(奥入瀬バイパス)

惣辺

惣辺橋

奥入瀬川

車道を歩き
馬門橋を渡る

三乱の流れ Ⓑ

阿修羅の流れ Ⓕ

九十九島 Ⓔ

石ヶ戸 Ⓒ

石ヶ戸

石ヶ戸休憩所
奥入瀬渓流コケさんぽ

バス停石ヶ戸から徒歩5分

石ヶ戸の瀬
いしけどのせ

川の中央にある大岩が特徴。緑に覆われた大岩は箱庭のような趣があり、絵に描いたような渓流の景色を眺められる。

飛金の流れ

屏風岩

石ヶ戸の瀬 Ⓓ

馬門岩

昭和池

馬門橋

馬門山
452▲

奥入瀬渓流めぐり方チャート

おすすめコース

→ 徒歩ルート
→ バスルート

Ⓖ 雲井の滝	↑ 徒歩700m 約15分	
	↑ 約100m 徒歩2分	
Ⓕ 九十九島	↑ 徒歩700m 約15分	
	↑ 約500m 徒歩10分	
Ⓔ 阿修羅の流れ	↑ 徒歩100m 約2分	
	↑ 約400m 徒歩7分	
Ⓓ 石ヶ戸の瀬	↑ 約2km 徒歩35分	
	↑ 約300m 徒歩5分	
Ⓒ 石ヶ戸	↑ 約300m 徒歩5分	
	↑ 約50m 徒歩1分	
Ⓑ 三乱の流れ	↑ 約600m 徒歩10分	
	↑ 約500m 徒歩10分	
Ⓐ 出合い橋	↑ 約6.3km 徒歩2時間	
	↑ 約700m 徒歩15分	
	↑ 約700m 徒歩15分	
START		

🚌 馬門岩

🚌 石ヶ戸

🚌 焼山

バス約3分 約1.5km

バス約3分 約1.3km

バス約9分 約5.1km

バス約5分 約5.1km

※JRバス東北路線バスを利用
(4月上旬～11月上旬運行)

総距離
徒歩 約14km

所要時間
バス+徒歩
約5時間35分

付録 **2**

白糸の滝
しらいとのたき

奥入瀬渓流のなか
で最も落差がある
滝で、落差は約
30m。幾筋もの
糸を垂らしたよう
な繊細な流れが美
しい。

阿修羅の流れ
あしゅらのながれ

生い茂る木々に囲
まれた岩の間を、清流
が幾重にも重なりな
がら流れる。奥入瀬
渓流随一の景勝地
で、ポスターなどで
見ることも多い。

雲井の滝
くもいのたき

落差約25mの豪快な滝。
車道を隔てた細い支流の
数m先にあるので、バス
停周辺からも見ることが
できる。

奥入瀬渓流

0   800m
徒歩約11分
N

凡例	
流れ	散策路
滝	トイレ
岩	食事処
バス停	レンタサイクル
	駐車場

十和田湖

小屋石

木橋から眺める
渓流が美しい

大岩を縫うよう
に遊歩道が続く

銚子大滝から百両橋
まで車道を歩く

五両の滝 L

子ノ口
BUS
103

千両岩
奥入瀬渓流
(奥入瀬川)
神明橋

銚子大滝 K

水門
子ノ口
水門

九段の滝

寒沢の流れ J

佐藤春夫の碑

白糸の滝

不老の滝

白絹の滝

双白髪の滝

姉妹の滝

不老・白糸・白絹・
双白髪4つの滝を総称
して一目四滝とよぶ

玉簾の滝

浅い平瀬あり

奥入瀬渓流

右坂沢

天狗岩

雲井の流れ
BUS

岩菅の滝

川に面したテーブル
とベンチあり

歩行者専用の橋が
架かる

白布の滝

白銀の流れ H

裸渡橋

雲井の滝 G

双竜の流れ

銚子大滝
ちょうしおおたき

幅約20m、落差約7m
を誇る、奥入瀬渓流の
本流唯一の滝。水量が
多く、「ジャパニーズ・
スモール・ナイアガラ」
ともよばれている。

五両の滝 L
銚子大滝 K — 徒歩10分 約600m
寒沢の流れ J — 徒歩2分 約100m
白糸の滝 I — 徒歩20分 約1.2km
白銀の流れ H — 徒歩45分 約3.3km

L→GOAL 徒歩10分 約500m

J→銚子大滝BUS 徒歩2分 約100m
I→銚子大滝BUS 徒歩20分 約1.2km
H→雲井の滝BUS 徒歩15分 約700m

GOAL BUS 子ノ口

BUS 銚子大滝 ← パス6分 約1.6km

BUS 雲井の滝 ← パス9分 約4.5km

十和田・八甲田

0 ━━━━━ 5km N

飛鳥山
大場
板野畑
油川駅
青森湾
津軽線
280
280
青森駅
付録P10・11
新青森駅
青森県庁
青森市役所
高地山
不動滝
東岳
平内町
東北町
1

石山
大平山
野内駅
矢田前駅
青森東
大毛無山
みちのくトンネル
みちのく有料道路
葉抜横山
1

津軽新城駅
26
奥羽本線
出町温泉
44
青森中央
筒井駅
小柳駅
東青森駅
44
折紙山
堀子岳
東北新幹線
七戸町
7
津軽自動車道
鶴ケ坂駅
青森
JCT
青森自動車道
27
あすなろ温泉
44
月見野森林公園
神道大教
石神神社
青森市

青森空港
有料道路
27
青森空港
くさぶえ温泉
103
雲谷温泉
40
高地山
2

本郷ダム
27
入内峠
本誌P125
合子沢記念公園
雲谷峠
鉢森山
按ノ木森山
七十森山
柴森山
田代元湯
八幡岳
石倉山
八甲田温泉
394

塚森山
下湯ダム
前嶽
八甲田ロープウェイ
田茂萢岳
赤倉岳
八甲田山
雛岳
P.35 奥入瀬 森のホテル
七戸町
土筆森
40

黒森山
空岱山
394
城倉温泉
酸ケ湯温泉
横岳
猿倉温泉
103
谷地温泉
P.33 渓流の駅 おいらせ
法量のイチョウ
2

102
田代平
上湯沢山
二ツ森
付録P5
駒ケ峯
櫛ケ峯(上岳)
乗鞍岳
赤倉岳
蔦温泉
高峠
P.34 星野リゾート 奥入瀬渓流ホテル
P.39 蔦の七沼
102

温湯温泉
黒石温泉郷
虹の湖
黒石市
足比山
P.36 蔦温泉旅館
十和田湖
温泉郷
3

白岩森林公園
貝吹山
二庄内ダム
雷山
青荷温泉
毛無山
P.29 冬の奥入瀬氷瀑ナイトツアー
P.33 石窯ピザ オルトラーナ
暮らしのクラフト ゆずりは
P.35 野の花 焼山荘
馬門山
馬ノ神
3

矢捨山
木賊森
P.33 奥入瀬モスボールパーク
石ケ戸休憩所
102

阿蘇ケ岳
大鰐町
454
切明温泉
柴森
御判如森
P.28 奥入瀬渓流コケさんぽ
P.32 奥入瀬ネイチャーウォーク
付録P5
奥入瀬渓流 P.20
奥入瀬渓流
エコロード
フェスタ P.117

碇ケ関
東北自動車道
平川市
白手山
三ツ森
戸沢山
岩舘
御鼻部山
御倉部山
102
九段ノ滝
十和田市
新郷村
4

奥羽本線
7
津軽湯の沢駅
雨池森
空沢山
久吉温泉
柴森
青森県
小滝ノ沢キャンプ場
十和田湖
P.22・24
御倉半島
御倉山
十和田山
454

坂梨峠
坂梨トンネル
282
秋田県
小坂町
和井内神社
白地山
中山崎
中山半島
十和田神社
現頭倉
日暮崎
御倉山
高山
103
103
21
七森
三戸町
ドコ ノ森

黒森
東股山
小坂JCT
2
鹿角市
赤岩山
広森山
104
田子町
田代山
青森山

八甲田

2km

雲谷峰
鉢森山
七十森山
按ノ木森山
三階滝
柴森山
青森市
七戸町
雪中行軍遭難者銅像
酸ヶ湯温泉
萱野茶屋 P.39
田代元湯
萱野茶屋
八甲田温泉
田代平湿原 P.39
田代平
石倉山
中部上北牧場
八甲田ロープウェー P.40
前嶽
ロープウェー駅前
八甲田ゴードライン P.40
八甲田スキー場
山頂公園眺望ウッドデッキ P.40
ゲダリ沼
田茂萢岳
井戸岳 赤倉岳
南股山
HOTEL Jogakura P.37
城ヶ倉温泉
大岳
雛岳
酸ヶ湯温泉 P.36
八甲田山
酸ヶ湯温泉
小岳
高田大岳
黒森
P.38 城ヶ倉大橋
地獄沼 P.39
十和田市
黒石市
酸ヶ湯温泉
酸ヶ湯キャンプ場
硫黄岳
睡蓮沼 P.39
P.37 谷地温泉
石倉岳
谷地温泉
逆川岳
傘松峠
猿倉温泉
横岳
猿倉温泉
谷地温泉
八甲田・十和田ゴールドライン P.38
P.37 元湯猿倉温泉
南沢岳
猿倉岳

十和田湖

2km

平川市
秋田県
十和田市
御鼻部山
御鼻部山展望台 P.24
入ノ瀬バイパス
青森県
滝ノ沢キャンプ場
九段ノ滝
レークサイド山の家
五両ノ滝
寺子ノ岬
十和田湖遊覧船(乗り場) P.22
子ノ口
和井内神社
十和田湖 P.22・24
御倉半島
白雲亭展望所 P.25
御倉山
日暮崎
宇樽部キャンプ場 P.29
中山崎
十和田湖カヌーツアー P.28
(集合場所)
よどの岬
中山半島
瞰湖台 P.24
宇樽部
猿鼻岬
下宇樽部
十和田湖中高山
小坂町
十和田神社
赤岩山
十和田ホテル P.25
右図
現頭倉
宇樽部トンネル
和井内
紫明亭展望台 P.25
甲岳台展望台
発荷峠
発荷峠展望台 P.25
鹿角市

休屋

200m

中山半島
十和田神社 P.23
青森県
十和田市
乙女の像 P.23
開運の小道 P.32
おみやげとお食事もりた P.26
恵比須大黒島
弁慶
御食事処神田川 P.27
暮らしのクラフトゆずりは P.23
RIBボートツアー P.29
十和田食堂 P.27
十和田湖局
十和田湖スノーランブリング P.29
喫茶憩い
十和田荘
十和田湖遊覧船(乗り場) P.22
十和田湖湖水まつり P.116
十和田湖マリーナ P.22
とわだこ販山亭
十和田ビジターセンター P.32
とわだこ遊月
十和田湖マリンブルー P.27
秋田県
小坂町

八幡宮

城北公園

時敏小

熊野奥照神社

薬王院

土淵川北横町緑地

稲荷神社

北大通り

アンジェリック 弘前店 P.63

三忠食堂本店 P.56

P.56 居酒屋 土紋

北大通り

パティスリー ヴェルジェ P.55

菓子処 寿々炉本店 P.63

土手町

煉瓦亭 P.52

chicori P.59

名曲&珈琲ひまわり P.52

甘栄堂 P.55

菊富士 P.57

津軽の宿弘前屋

弘前署

弘前愛会病院

北大通り

ヤマダデンキ

奥羽本線

撫牛子②

専修寺

文 和徳小

弘前松ヶ枝局

長四郎公園

法光院

gallery CASAICO P.59

弘前プリンスホテル

green P.58

bambooforest P.63

HOMEWORKS 本店 P.63

弘前駅

スーパーホテル 弘前

市立病院

茶房CoCo P.63

ヒロロ

鳴海病院

ブナコショールーム BLESS P.59

大成小

居酒屋 津軽衆 P.56

正一位伏見稲荷神社

並木通り

洋菓子工房ノエル P.55

並木通り

弘前れんが倉庫美術館 P.46

CAFE & RESTAURANT BRICK P.47

museum shop HIROSAKI MOCA P.47

弘前病院

BRICK A-FACTORY P.62

弘前城東局

フランス食堂 シェ・モア P.50

フランス料理 シェ・アンジュ P.51

弘前ホテル

弘前駅前ホテル

妙見稲荷神社

弘前年金事務所

ユニバース

弘前東高前駅

弘前東高

弘前中心図

200m

青森湾

付録P10-11

旅客船ターミナル

青森港

青森駅

県立郷土館前

合同庁舎

青森駅前
青森署

青森県立郷土館

青森港町局

浪打公園

善知鳥神社

阿弥陀寺

ホテル青森前
ホテル青森

7

古川

青森県庁
青森地方裁判所

アルファホテル
青森

4

青森中央局

諏訪神社

駒込川

青森古川三局

青森市役所

県庁通り

郷土通り

観光通り

平和公園通り

平和公園

桜川八甲緑地

荒川

頌志神社

森千畳局

1号遊歩道緑地

青森中央大橋

120

青い森鉄道

27

桜川南緑地

桜川なかよし緑地

千青森大野局

奥野中央公園

103

40

筒井駅

浄信寺

青森中筒井局

40

京王台緑地公園

稲荷神社

県立図書館前

青森自動車道

浜田

27

県立図書館

青森中央

7

青森県近代文学館 P.86

青森タウン広域図

300m

青森国際クルーズターミナル

青森港

青森港

町3

事代主神社

青森港湾合同庁舎

本町4

青柳1

堤川

石森橋

浜町稲荷神社

本町カトリック教会

青森青柳局

青柳橋

アートホテル青森

青森県立郷土館

県立
郷土館

真町小

T2

郷土館前

本町5

本町5

青柳二丁目

青柳2

青柳橋

本町2

ホテルクラウンパレス青森

ユニバース

旭橋

青森グリーン
パークホテル・アネックス

青森本町局

三青森サテライト店

アルファホテル青森

ホテル青森前

ホテル青森

光行寺

堤町1

光寺

税務署通り

レストラン ラヴィ
P.86

橋本小学校前

青森中央局

正覚寺

本町1

蓮心寺

橋本1

青森銀行本店

文化会館前

秀寿司
P.77

本町公園

蓮華寺

青森教会

堤町

文化会館前

堤町1

奥州街道(陸羽街道)

青森グリーンパークホテル

NTT
青森支店前

橋本

文化会館前

市役所前

三井住友海上青森ビル

市役所前

国道NTT

NTT

橋本2

文化会館前

堤町2

青森ねぶた祭
P.78

NTT青森支店前

本銀行

青森市役所

中央1

G P.87 NATURE CAFE

P.86 フランス料理 ポミエ

旧線路通り

松原1

中央

中央

里見稲荷神社

浦町神明宮

橋本3

勝田緑地

勝田2

棟方志功記念館前

中央1

橋本3

橋本3

平和
公園
通り

平和公園

NHK
青森放送局

103

東傳寺

観光通り

平和公園前

棟方志功記念館
P.86

中央2

安楽寺

浦町小

中央西公園

平和公園前

北斗高

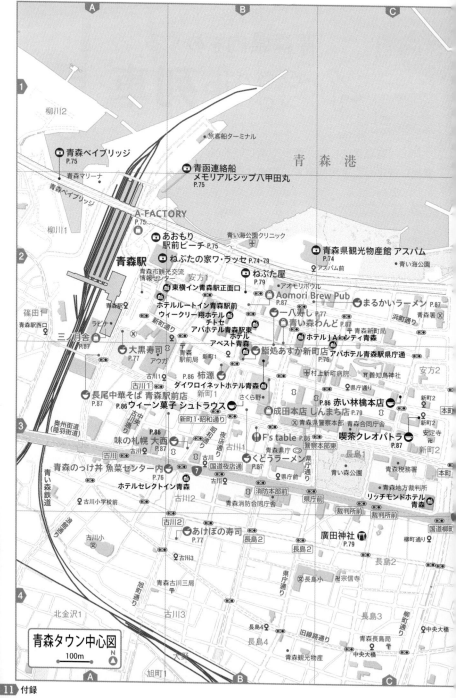

青森タウン中心図

100m

青森県内をめぐる
イベント列車

青森県内には、乗って楽しいイベント列車が走っています。
観光に特化した専用列車で、快適な鉄道の旅を満喫するのはいかがでしょう。

イベント列車運行ルート

新函館北斗へ

大間崎

尻屋崎

仏ヶ浦

下北半島

大湊　下北

三厩

龍飛崎

奥津軽
いまべつ

脇野沢

大湊線

津軽半島

津軽中里

蟹田

陸奥湾

陸奥横浜

十三湖

北海道新幹線

津軽鉄道

五所川原

野辺地

リゾート
あすなろ下北

日本海

木造

陸奥森田

青森

太平洋

鰺ヶ沢

津軽線

新青森

青い森鉄道

千畳敷

陸奥鶴田

川部

七戸
十和田

リゾート
しらかみ

板柳

東北新幹線

三沢

深浦

藤崎

弘前

八戸

鮫

ウェスパ
椿山

岩木山

奥入瀬渓流

種差海岸

十二湖

リゾート
しらかみ

奥羽本線

TOHOKU
EMOTION

岩館

白神山地

十和田湖

あきた白神

五能線

大館

久慈

能代
東能代

花輪線

森岳

奥羽本線

男鹿半島

八郎潟

男鹿

追分

田沢湖

秋田

盛岡

宮古

銀世界を行く冬の風物詩
津軽鉄道ストーブ列車

津軽半島

雪原を走るストーブ列車は90年余り続く津軽の冬の風物詩。
沿線の太宰治ゆかりの地と合わせて楽しんでみては。

昭和5年(1930)から
運行しているレトロ列車

「津軽鉄道ストーブ列車」って こんな列車です

津軽五所川原駅～津軽中里駅を結ぶ津軽鉄道では、毎年12～3月になると名物のストーブ列車が登場する。車内には昔懐かしいダルマストーブがあり、スルメを焼いたり、地酒を飲んだりしながら過ごせる。予約をすれば、ストーブ弁当も購入可(3日前までに要予約、2個以上から受付)。

☎0173-34-2148(津軽鉄道) 🎫乗車券+ストーブ列車券500円 ●1日3往復、12月は要問合せ

有人駅は津軽五所川原駅と金木駅、津軽中里駅のみで、ほかは無人駅。津軽五所川原駅はレトロなたたずまい。

金木駅から徒歩圏内には、「斜陽館」など太宰治ゆかりの地が点在。ひと休みは芦野公園駅の旧駅舎の喫茶店で。

津軽鉄道のお楽しみ

❶スルメ500円はダルマストーブで炙ってくれる ❷竹編みのかごに入ったストーブ弁当1150円。若生のおにぎりやイカの加工品など、津軽の食材を盛り込んでいる

夏はこんなかんじです

❶津軽平野を走るローカル列車。太宰治の作品にちなんで「走れメロス号」の名でも親しまれている ❷7～8月は津軽金山焼で作られた風鈴を下げて運行する「風鈴列車」に

津軽五所川原駅	約3分	十川駅	約5分	五農校前駅	約3分	津軽飯詰駅	約5分	毘沙門駅	約4分	嘉瀬駅	約5分	金木駅	約3分	芦野公園駅	約2分	川倉駅	約4分	大沢内駅	約2分	深郷田駅	約3分	津軽中里駅

約25分　　　　　約15分

日本海の絶景を愛でる鉄道列車
リゾートしらかみ

津軽
西海岸

青森・弘前を結ぶ人気の観光列車「リゾートしらかみ」。
絶景はもちろん、車内イベントや駅弁も要チェック。

「リゾートしらかみ」って こんな列車です

JR五能線を経由し、青森駅・弘前駅と秋田駅とを結ぶ観光列車で、日本海の爽快な景色を眺めながら乗車できる。津軽弁の「語りべ」実演や津軽三味線の生演奏、金多豆蔵人形芝居といったイベントも開催。乗り降り自由な五能線フリーパスは3880円。

☎050-2016-1600(JR東日本お問い合わせセンター) 乗車券＋指定席券530円(通常期、普通席・ボックス席共通) ●1日6便(1・3・5号は秋田駅発、2・4号は青森駅発、6号は弘前駅発)時期により運転日・運行本数・編成・車内イベント実施号に変更があるため、事前に問合せや時刻表で確認を。※荒天時は全区間・一部区間で運休になる場合あり。

路線図 付録P12

リゾート
しらかみは
3編成!

リゾートしらかみのお楽しみ

リゾートしらかみは3編成！

くまげら
白神山地に生息するクマゲラと五能線沿線で見られる夕陽をイメージ

青池(あおいけ)
日本海と十二湖の青をイメージ。最新のハイブリッドシステムで動く

橅(ぶな)
白神山地のブナ林をイメージ。青森ヒバなどを取り入れた内装にも注目

車内イベント

津軽地方に古くから伝わる昔話を方言で語る津軽弁の「語りべ」実演、津軽伝統の金多豆助人形芝居、津軽三味線の生演奏が行われる(実施日、車両など要確認)。

絶景ポイント

海底が隆起してできた岩棚「千畳敷」には約15分停車(2・3・4・5号)。降りて周辺を散策しよう。そのほか、行合先海岸、大間越など絶景が点在。

駅弁＆グッズ

五能線沿線をイメージした駅弁やオリジナルグッズを販売。小ぶりサイズの特製弁当「リゾート小箱」は海鮮、比内地鶏、牛肉の3種類。

◀五能線起点・終点標ストラップ
940円

リゾート小箱
「みちのく海鮮」
800円▶

下北の鉄道旅なら 「リゾートあすなろ」で

八戸駅から大湊駅を結ぶ「リゾートあすなろ下北」。広々とした客室やソファーが設けられた展望室などから青森の豊かな自然を楽しめる。

車両は夏祭りの熱気、菜の花、豊かな森をイメージしたカラーリング▼

☎050-2016-1600(JR東日本お問い合わせセンター) 乗車券＋指定席券530円(通常期) ●1日1往復

海沿いを駆け抜けるレストラン列車
TOHOKU EMOTION

八戸

食と絶景がコラボした TOHOKU EMOTION。
"走るレストラン"に乗って、ランチやデザートを楽しみながら八戸線の旅を。

「TOHOKU EMOTION」ってこんな列車です

八戸駅〜久慈駅間を約2時間で走るレストラン列車。全体がレストラン空間というユニークな造りで、人気シェフが監修したランチやデザートとともに海岸沿いの列車旅を楽しめる。土・日曜、祝日を中心とした限定運行のため、早めの予約がおすすめ。

¥ 八戸駅→久慈駅(ランチコース付き)8600円、久慈駅→八戸駅(デザートブッフェ付き)5100円 ※オープンダイニング利用の場合の大人1名の料金。1号車(コンパートメント個室車両)利用の場合は追加料金が必要 ●1日1往復 ※運転日は「のってたのしい列車」ポータルサイトを要確認 https://www.jreast.co.jp/railway/joyful/tohoku.html

路線図→付録P12

美食を楽しめる
観光列車!

TOHOKU EMOTION のお楽しみ

人気シェフ監修の料理

東北の食材を使ったオリジナルメニューが登場。担当シェフは年2回、メニュー内容は4回替わる。器もオリジナル。

ランチコース

前菜、パスタ、メインディッシュ、プティフールなどを味わえる往路(八戸駅発)のランチコース。ドリンクメニューはビール、シードルなどのアルコールも。写真はイメージ

デザートブッフェ

復路(久慈駅発)はホテルメトロポリタン盛岡が手がけるオリジナルデザート。デザートのアソートプレート、デザートブッフェ、オードブルを楽しめる。写真はイメージ
※2022年5月現在ブッフェは席での提供

ビューポイントをチェック

太平洋沿いを走る八戸線ならではのロケーションを楽しめる。ビューポイントでは速度を落として運行したり停車したりすることも。

▲葦毛崎展望台付近では鮫角(さめかど)灯台などを見ることができる

車内は優雅なレストラン空間

3両編成で車両ごとに内装が異なる。東北の伝統工芸をモチーフにしたインテリアにも注目!

❶2号車はライブキッチンスペース車両。キッチン背面は青森のこぎん刺し、カウンター壁面は岩手の南部鉄などがモチーフ ❷3号車はオープンダイニング車両。こぎん刺しや岩手の琥珀、宮城の雄勝硯などがモチーフ ❸1号車はコンパートメント個室車両。壁面の生地は福島の刺子織がモチーフ

▲種差海岸駅そばの種差天然芝生地付近では、海と岩場、芝生が織りなす絶景が広がる